Klima, Energie & Nachhaltigkeit

Impulse der steirischen Sozialpartner für eine lebenswerte Zukunft

Herausgeber:

Wirtschaftskammer Steiermark
Arbeiterkammer Steiermark
Industriellenvereinigung Steiermark
Landwirtschaftskammer Steiermark
ÖGB Steiermark

1. Auflage
Jänner 2021

ISBN: 978-3-7041-0769-5
dbv-Verlag – Fachverlag für Steuer- und Wirtschaftsrecht
8010 Graz, Geidorfgürtel 24, Tel (0316) 38 30 33; Fax (0316) 38 30 43
Internet: http://www.dbv.at, E-Mail: office@dbv.at

Druck und Herstellung
dbv-Druck-, Beratungs- und Verlagsgesellschaft mbH, Graz

FSC
www.fsc.org
MIX
Aus verantwortungs-
vollen Quellen
FSC® C106954

Vorwort

Der Klimawandel stellt unsere Gesellschaft, in allen Teilen der Erde, vor enorme Herausforderungen.

Um der Klimaveränderung gemeinsam entgegenzutreten, haben mehr als 180 Staaten die erste rechtsverbindliche weltweite Klimaschutzvereinbarung unterschrieben. Im Übereinkommen von Paris wird ein globaler Rahmen festgelegt, mit dem die Welt einem gefährlichen Wandel des Klimas entgegenwirken kann. Die Erderwärmung soll deutlich unter 2°C gehalten werden, bzw. bedarf es weiterer Anstrengungen, um den Temperaturanstieg auf 1,5°C zu begrenzen.

Die EU-Kommission möchte mit ihrer Vision für eine moderne und klimaneutrale Wirtschaft Europa bis zum Jahr 2050 zum ersten klimaneutralen Kontinent der Erde machen, und dabei zeigen wie Nachhaltigkeit und Wettbewerbsfähigkeit vereinbar sind. Auch Österreich und die Bundesländer stehen hinter dieser Zielsetzung.

Die steirischen Sozialpartner, als wichtiges Bindeglied zwischen Gesellschaft und Politik, möchten mit der vorliegenden Publikation eine sachliche, faktenbasierte Diskussion über die zukünftige Ausrichtung der heimischen Klimapolitik unterstützen und aktiv begleiten. Angesichts der Wichtigkeit des Klimathemas für die zukünftige Entwicklung der Steiermark, erscheint es notwendig, wesentliche Eckpfeiler des steirischen Energie- und Klimasystems politisch außer Streit zu stellen. Die Sozialpartner legen mit der Sammlung „Energie, Klima und Nachhaltigkeit" eine über die verschiedenen Interessenslagen hinweg abgestimmte Unterlage mit Anregungen und Vorschlägen für gleichermaßen realistische und wirksame Impulse zum Aufbau einer nachhaltigen Energie- und Klimazukunft vor. Dabei stehen die Ziele einer ökonomischen, ökologischen und sozialen Ausgewogenheit im Fokus der Betrachtungen.

Die Erarbeitung der vorliegenden Unterlage war von intensiven Diskussionsprozessen begleitet. Besonders großer Wert wurde dabei auf die aktive Einbindung von Expertinnen und Experten aus Wissenschaft, Wirtschaft und der Verwaltung gelegt. Dieser Zugang ermöglichte eine interdisziplinäre, ideologiebefreite und faktenbasierte Diskussion des Themas.

Einen Schwerpunkt der Publikation bildet die Darstellung von erfolgreichen Klimaschutzaktivitäten, quer durch alle Sektoren. Diese haben die Steiermark in vielen Bereichen zum Vorbild in Sachen Klimaschutz und Nutzung erneuerbarer Energieträger gemacht. Richtungsweisend ist es gelungen, Herausforderungen und Chancen im Bereich Klimaschutz aufzuzeigen und weiterzuentwickeln. Die Publikation der Sozialpartner soll einen Beitrag leisten, um eine breit abgestimmte klimapolitische Schwerpunktsetzung vorzunehmen und damit einer verantwortungsvollen Klimapolitik gerecht zu werden.

Inhaltsverzeichnis

Kapitel 9   Energiewende – Ein gesellschaftlicher Kraftakt

Kapitel 10   Schlussfolgerung

Präambel

Die Steiermark stellt sich wie viele andere Regionen den Herausforderungen des Klimawandels und der damit einhergehenden Transformation unserer Gesellschaft und Wirtschaft. Sowohl die österreichische „mission2030 – Klima- und Energiestrategie", als auch die steirische Klima- und Energiestrategie (KESS 2030) geben Ziele vor, um diese Transformation zu bewerkstelligen. Die Ziele für 2030 sind hochgesteckt, eine Vielzahl umfassender Maßnahmen und Investitionen müssen in relativ kurzer Zeit auf allen Ebenen getätigt werden.

Große Herausforderungen bieten aber immer auch große Chancen, welche die Steiermark als innovatives Forschungs- und Industrieland nutzen kann, um den Wohlstand in Zukunft abzusichern und auszubauen. Diese Transformation ist aber nicht als rein technische, sondern vor allem auch als gesamtgesellschaftliche Herausforderung zu verstehen, welche insbesondere den Erhalt von Arbeitsplätzen und somit Lebensqualität berücksichtigen muss. Somit gilt es, sämtliche Akteure wie Produzenten, Konsumenten als auch Entscheidungsträger bestmöglich zu unterstützen, um diesen Weg gemeinsam zu beschreiten. Angesichts der globalen Dimension des Themas und des bereits sehr hohen regionalen Anforderungsniveaus stellt sich die Frage, wie die Steiermark die heimischen Klimaziele erreichen, die globalen Klimaziele unterstützen und zugleich den sehr hart erarbeiteten Wohlstand und sozialen Frieden aufrechterhalten kann. Etliche Beispiele auf den nachfolgenden Seiten belegen dabei, dass die Steiermark in vielen Bereichen Antworten auf diese Frage liefern kann.

Die vorliegende Publikation sieht sich nicht als Ersatz für eine politische Strategie und ein entsprechendes politisch akkordiertes Vorgehen. Sie möchte jedoch einen Ausblick geben, wie eine nachhaltige Zukunft in der Steiermark aussehen kann und zudem einen Überblick über die gesamtgesellschaftlichen Herausforderungen bieten. Verdeutlicht wird darin zudem die Notwendigkeit eines kontinuierlichen Austauschs zu den aktuellen Entwicklungen und die Suche nach gemeinsamen Positionen, um den Schulterschluss in der Klima- und Energiewende in der Steiermark aufrecht zu erhalten. Die steirischen Sozialpartner nehmen die Bewältigung der energie- und klimapolitischen Herausforderungen sehr ernst und stellen sich ihrer Verantwortung als gestaltende Gesellschaftsgruppierungen. Sie unterstützen die erforderliche Transformation als Bindeglied zwischen Politik/Verwaltung und den Steirerinnen und Steirern, den Unternehmen und der Landwirtschaft und setzen dabei auf Maßnahmen, die den Standort und Arbeitsplätze und damit auch den heimischen Wohlstand erhalten.

Arbeiterkammer Steiermark

Josef Pesserl
Präsident

Dr. Wolfgang Bartosch
Direktor

Industriellenvereinigung Steiermark

Prof. DI Stefan Stolitzka
Präsident

Mag. Gernot Pagger
Geschäftsführer

Landwirtschaftskammer Steiermark

Ök.-Rat Franz Titschenbacher
Präsident

Dipl.-Ing. Werner Brugner
Kammerdirektor

Wirtschaftskammer Steiermark

Ing. Josef Herk
Präsident

Dr. Karl-Heinz Dernoscheg, MBA
Kammerdirektor

ÖGB Steiermark

Horst Schachner
Vorsitzender

Wolfgang Waxenegger
Landessekretär

Kapitel 1

Der Klimawandel als Herausforderung für die Steiermark

Univ.-Prof. Karl W. Steininger, Wegener Center für Klima und Globalen Wandel, Universität Graz[1]

1.1   Einleitung

2020 wird als Zäsur in die Geschichtsbücher eingehen, soviel lässt sich zum jetzigen Zeitpunkt bereits sagen. Weltweit wurden und werden von Regierungen Maßnahmen gesetzt, die zumindest in Demokratien vor wenigen Monaten undenkbar waren. Doch auch, wenn zumindest in Österreich die Akutkrisenphase überwunden ist, werden uns die Coronakrise und ihre Auswirkungen noch lange beschäftigten. Der wirtschaftliche Einbruch infolge des Corona-Lockdowns war stärker als erwartet und übertrifft jenen der letzten Wirtschaftskrise der Jahre 2007 bis 2009 deutlich. Unzählige Unternehmen bang(t)en ums Überleben, eine Insolvenzwelle wurde zumindest zunächst durch die Politik verzögert. Am Höhepunkt waren über 1,3 Millionen Menschen in Kurzarbeit, die Arbeitslosigkeit war Mitte April auf knapp 600.000 Personen (und damit um mehr als 50 %) gestiegen. Insofern stellt COVID-19 nicht nur eine Bedrohung für die Gesundheit dar, sondern auch für den sozialen Frieden. Die Politik hat bei der Eindämmung der Pandemie drastische Schritte gesetzt. Ein solch entschlossenes Handeln wird auch für die Gesundung der Volkswirtschaft erforderlich sein. Denn es ist sowohl in der Wissenschaft als auch in der politischen Diskussion unumstritten, dass es eine signifikante Stimulierung der Nachfrage durch die öffentliche Hand braucht, um eine wirtschaftliche Erholung ohne Verzögerung einzuleiten. Ein Nicht-Handeln wäre fatal und würde mit beträchtlichen gesellschaftlichen Folgen zu Buche schlagen. Auch angesichts dieser unmittelbaren zusätzlichen Herausforderung bleibt jedoch die Klimakrise bestehen, gilt es gerade in der Bewältigung der Coronakrise jene der Klimakrise umfassend mitanzusprechen. Denn öffentliche Ausgaben sind, vor allem in der nunmehr erforderlichen Höhe, volkswirtschaftlich nur dann gerechtfertigt, wenn sie zugleich dazu beitragen, nachhaltig gesunde Wirtschaftsstrukturen zu schaffen – vor allem im Infrastrukturbereich bei Mobilität, Gebäuden, Energie und industrieller Produktion.

Insofern bietet die Coronakrise bei allen mit ihr einhergehenden sozialen und gesellschaftlichen Verwerfungen auch eine vielleicht einzigartige Chance, staatliche Politik so zu setzen, dass sich damit auch klimapolitisch eine Wende einleiten lässt – und das

---

[1] Der Autor dankt Robert Lackner vom Wegener Center für Klima und Globalen Wandel für die Mitarbeit an diesem Beitrag.

zu geringeren finanziellen, sozialen und politischen Kosten, als es sonst je denkbar gewesen wäre. Kaum jemals war die Bevölkerung wohl – und zwar angesichts der Corona-Gegenmaßnahmen – so aufgeschlossen dafür, auch der Klimakrise entschlossen entgegenzutreten. Lassen wir diese Chance ungenützt vorüberstreichen, droht ein böses Erwachen. Denn die Folgen eines weiter ansteigenden Klimawandels werden zwar wesentlich langsamer sichtbar als die durch COVID-19 verursachten Schäden, sind aber mittelfristig massiver und permanenter. Und ein ungebremster Klimawandel verursacht jetzt schon enorme Kosten, global gesehen, aber auch für Österreich und damit natürlich für die Steiermark. Womit müssen wir also aus volkswirtschaftlicher Perspektive rechnen?

1.2   Der Klimawandel und seine ökonomischen Auswirkungen auf Österreich

Bereits heute belastet das Nicht-Handeln in der Klimapolitik die Gesellschaft unseres Landes massiv und schlägt mit vielen Milliarden Euro im Jahr zu Buche – für Klimaschäden (rund zwei Milliarden Euro), Klimawandelanpassung (rund eine Milliarde Euro), Wertschöpfungsverluste durch fossile Importe (acht Milliarden Euro) und umweltschädliche Subventionen (vier Milliarden Euro).[2] Die beiden erstgenannten Kostenkategorien werden in den nächsten Jahrzehnten als deutlich steigend erwartet. Für Klimaschäden wurden in der bisher umfassendsten Studie für Österreich zur ökonomischen Bewertung des weiter fortschreitenden Klimawandels 80 Wirkungsketten an Klimawandelfolgen identifiziert, deren Auftreten in Österreich wahrscheinlich ist. Für 37 dieser Wirkungsketten liegen ausreichend Daten vor, um die Folgen auch zu quantifizieren bzw. monetär beziffern zu können. So ist selbst bei einer Klimaentwicklung, die die globale 2-Grad-Erwärmung nicht übersteigt, bei den wetter- und klimabedingten Schäden wie Hochwasser, Starkregen, Vermurungen, Stürmen, Frostereignissen und Dürreschäden mit einem markanten Anstieg zu rechnen. Die derzeitigen Kosten von rund zwei Milliarden im Jahresschnitt werden sich bereits 2030 mehr als verdoppelt haben und 2050 bis zu zwölf Milliarden Euro im Jahresschnitt betragen. Dazu kommt, dass manche Regionen und Menschen von diesen Schäden wesentlich stärker betroffen sein werden als es aus einem nationalen Durchschnittswert ersichtlich ist. Auch kann es in einzelnen Jahren allein durch Hochwasser Schäden von bis zu fünf bis acht Milliarden Euro geben. Das heißt, dass für die in diesen Schadensjahren dann tatsächlich Betroffenen die reale Belastung weitaus größer sein wird, als es Durchschnittszahlen widerspiegeln.

---

[2] Steininger et al., Kosten des Nicht-Handelns 2.

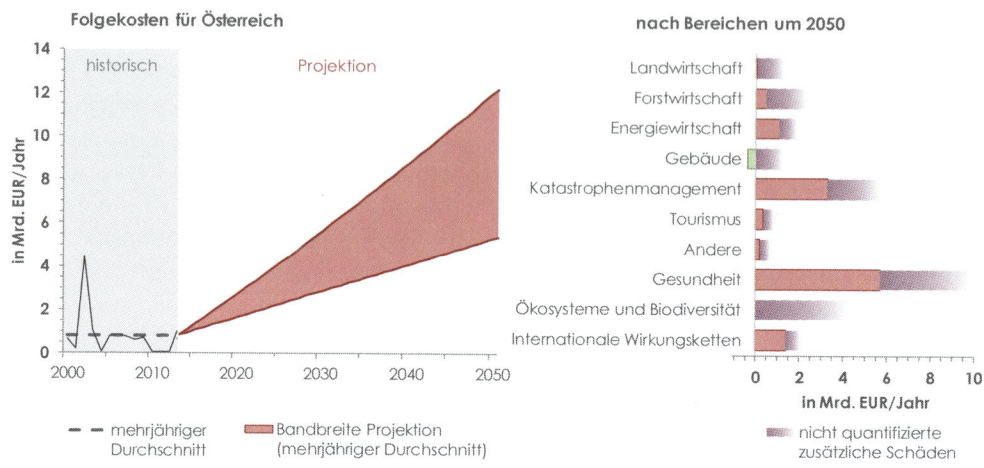

Abbildung 1: Wetter- und klimawandelbedingte Schäden: bereits quantifizierte
Wirkungsketten für Österreich, Entwicklung bis 2050[3]

Die Ausgaben des Bundes für Klimawandelanpassung wie Hochwasserschutz oder Frühwarnsysteme für Hitze belaufen sich in den Bereichen Land- und Forstwirtschaft, Wasserwirtschaft, Umwelt, Schutz vor Naturgefahren und Katastrophenmanagement wie erwähnt bereits heute auf rund eine Milliarde Euro im Jahr. Bis 2050 ist – selbst bei einem moderaten Anstieg der globalen Mitteltemperatur – zumindest mit einer Verdopplung dieses Betrags zu rechnen. Bei einem stärkeren Temperaturanstieg oder auch in einzelnen Jahren kann diese Belastung aber wesentlich höher ausfallen, womit die Möglichkeit gegeben ist, dass die dafür vorgesehenen Mittel – etwa innerhalb des Österreichischen Katastrophenfonds – schnell an ihre Grenzen gelangen.

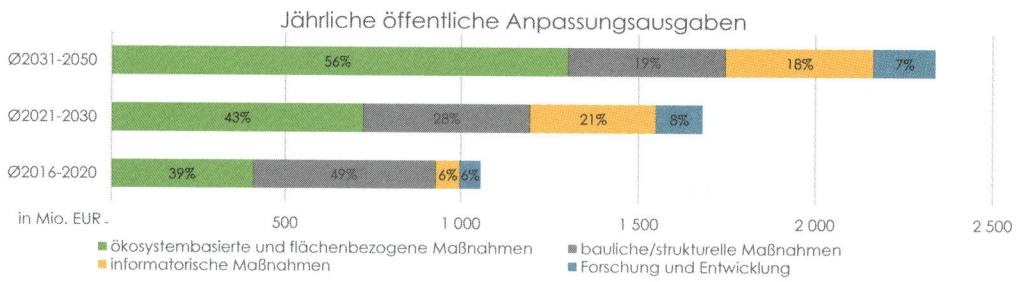

Abbildung 2: Struktur und indikative Entwicklung der anpassungsrelevanten Ausgaben
für den Bundeshaushalt, 2016 bis 2050[4]

Für das öffentliche Budget zudem relevant sind Zahlungen aus internationalen Verpflichtungen, die sich aus internationaler Solidarität ergeben. So leisten die Industriestaaten, wie 2009 im Abkommen von Kopenhagen festgelegt, einen Beitrag zur

3   Steininger et al., Kosten des Nicht-Handelns 3.
4   Steininger et al., Kosten des Nicht-Handelns 26.

internationalen Klimafinanzierung. 2017/2018 beliefen sich diese Zahlungen Österreichs an Länder des globalen Südens, deren Emissionen im Vergleich mit Industrienationen wesentlich geringer ausfallen, die aber wesentlich stärker vom Klimawandel betroffen sind, auf rund 260 Millionen Euro im jährlichen Durchschnitt. Aus globaler Perspektive gilt jedoch, dass Österreich als ein hoch entwickeltes Land durch seine auf pro-Kopf-Basis vergleichsweise hohen jährlichen Emissionen weltweit höhere Klimawandelfolgekosten verursacht als die wetter- und klimabedingten Schäden im Inland betragen, die aus der global verursachten Treibhausgaskonzentration folgen. Diese durch Österreich verursachten Schäden wirken sich zu knapp zwei Drittel auf den globalen Süden aus. Um einem Reputationsverlust zu entkommen, aber auch aus Solidaritätsüberlegungen wird sich der österreichische Beitrag somit in Zukunft wesentlich erhöhen müssen – auch wenn das zudem nicht ganz uneigennützig Exportchancen österreichischer Technologien in den Stärkefeldern Klimawandelanpassung (wie Hochwasserschutz) und erneuerbare Energiesysteme unterstützt. Weiters drohen auch auf europäischer Ebene zusätzliche Ausgaben. Denn sollte Österreich die derzeit festgelegten und im Zuge der Implementierung des Green Deal der europäischen Union voraussehbar nachgeschärften Emissionsziele in der Dekade 2020 bis 2030 verfehlen, ist auch von dieser Seite mit potenziellen Transferzahlungen zu rechnen. Österreich wäre dann darauf angewiesen, dass andere Staaten ihre Emissionsrechte bei eigenen Überschüssen an unser Land verkaufen.

Das Fehlen konsequenter Klimapolitik zeigt sich im Budget aber zudem noch an ganz anderer Stelle: in nach wie vor in Kraft befindlichen Regelungen, die umweltschädliches Verhalten fördern, sogenannte kontraproduktive Regelungen und dem daraus folgenden sogenannten fossilen Lock-In – also dem Verharren in einer fossilen Abhängigkeit. Denn die Rahmensetzungen durch die Politik wie auch in der Vergangenheit getätigte Investitionen prägen die heute verfügbare Infrastruktur. Die etablierten Systeme für Energie, Gebäude, Verkehr und industrielle Produktion führten zu einer Kultur, die den Umstieg auf andere – ökologischere und für das Wohlbefinden mindestens ebenso effektive, meist deutlich effektivere – Verhaltensweisen hemmen. Dieser fossile Lock-In impliziert signifikante gesellschaftliche Kosten. Umweltschädliche Unterstützungsmaßnahmen werden besonders in den Bereichen Energie und Verkehr, aber teils auch in der Landwirtschaft gewährt. Darunter versteht die OECD grosso modo alle finanziellen Unterstützungen und ordnungsrechtlichen Festlegungen, die im Zusammenspiel mit dem aktuellen Steuersystem einer umweltschonenden Praxis – in dieser Weise unbeabsichtigt – zuwiderlaufen. Während der ursprüngliche Zweck dieser Unterstützungsmaßnahmen (zunächst aus sozialen oder wirtschaftlichen Gründen eingeführt) vielfach gar nicht mehr erfüllt wird, bleibt die umweltkontraproduktive Wirkung nach wie vor bestehen. Allein für den Verkehrsbereich wurde die in diesem Sinne kontraproduktiven Unterstützungen in Österreich bereits im Jahr 2004 mit mehr als 15 Milliarden Euro im Jahr quantifiziert.[5] Im engeren Sinne direkt budgetwirksam werden aus Regulierungen in den Bereichen Verkehr und Energie bis zu 4,4 Milliarden Euro jährlich, die aus geringeren

---

[5] Köppl, Steininger, Reform umweltkontraproduktiver Förderungen.

Einnahmen oder höheren Ausgaben der öffentlichen Hand resultieren. Beinahe doppelt so hoch fallen die Aufwendungen für fossile Importe aus – entgangene Wertschöpfung, die richtig eingesetzt Innovation und damit Wachstum im eigenen Land steigern kann. Doch was heißt diese Gemengelage konkret für die Steiermark?

1.3 Die Steiermark – keine Insel der Seligen

Ebenso wenig, wie der Klimawandel vor nationalstaatlichen Grenzen haltmacht, nimmt er Rücksicht auf innerstaatliche Grenzen. Um die volkswirtschaftliche Bedeutung von Klimawandelfolgen abzuschätzen ist jedoch die Datenverfügbarkeit auf gesamtstaatlicher Ebene wesentlich besser, vielfach lässt sich eine volkswirtschaftliche Bewertung für ein einzelnes Bundesland auf Basis der gesamtstaatlich für Österreich vorhandenen Daten nicht durchführen. Wohl aber lassen sich einzelne Beobachtungen ableiten, inwiefern der Klimawandel sich auf die Steiermark auswirkt – im Folgenden stellvertretend für viele andere Felder für die Bereiche Land- und Forstwirtschaft, Industrie, Siedlungsstrukturen sowie Gebäude.

1.3.1 Land- und Forstwirtschaft

Kaum ein anderer Sektor hängt dermaßen von klimatischen Einflüssen ab wie die Land- und Forstwirtschaft. Bereits geringe Veränderungen der Temperatur und des Niederschlags haben spürbare Auswirkungen auf die Höhe und jährliche Variabilität der Erträge sowie die agrarischen und forstlichen Einkommen. Festgehalten werden muss in diesem Zusammenhang, dass der Klimawandel für die Landwirtschaft nicht nur negative Effekte hat. Fällt er moderat aus, verlängert sich die Vegetationsperiode. Dies wiederum hat zur Folge, dass der Grünlandertrag in den nächsten Jahrzehnten steigen dürfte. Auch für Obst, Gemüse und Wein könnten sich die Bedingungen verbessern. Insgesamt ist laut einer Berechnung mit einem gesamtwirtschaftlichen Gewinn von 280 Millionen im Jahresschnitt bis zum Jahr 2045 zu rechnen.[6] Allerdings ist davon auszugehen, dass davon nicht das ganze Land profitieren wird. Zu den Gewinnern zählt der grünlanddominierte Westen Österreichs, während Hitze und Trockenstress im Osten, und damit auch in der Steiermark, voraussichtlich zu Ernteeinbußen im Ackerbau führen wird – und damit der positive Effekt einer längeren Vegetationsperiode zumindest reduziert wird. Vor allem aber sind die Folgen von Extremereignissen wie Starkregen, Hagel, Überflutungen, aber auch Zusatzkosten für Bewässerung diesem zu erwartenden Mehrertrag erst gegenüberzustellen und dürften jedenfalls gebietsweise die positiven Effekte deutlich übertreffen.

Im hochvulnerablen Osten Österreichs sollte es für die Bauern daher mehr als nur eine Überlegung wert sein, auf hitzeresistente Sorten umzusteigen, die auch Trockenheit besser vertragen oder auch gegenüber Spätfrost weniger anfällig sind. Denn bei einer Klimaerwärmung tritt eben der Tag des Erblühens früher auf, während die

---

[6] Mitter et al., Pflanzliche Produktion.

Zahl der Frosttage massiv abnimmt, allerdings besteht früh im Jahr ein höheres Risiko für wetterlagenbedingte Kaltlufteinbrüche.[7] Der Wille zur Veränderung ist zum Teil vorhanden – meist aber auch nur soweit, wie es die bestehenden Betriebsstrukturen zulassen. Größere Umstellungen wie etwa vom spätfrostanfälligen Apfelanbau in der Südoststeiermark auf andere Erzeugnisse sind für viele undenkbar. Vielmehr sind die Betroffenen eher bereit, mit extremem Aufwand die Folgen von Eisnächten im Frühling abzuwenden, obwohl mittelfristig der Wechsel auf anderes Obst oder Gemüse günstiger sein könnte. Doch nicht nur Hitze, Spätfrost oder andere Extremwetterereignisse sind für die Landwirtschaft problematisch, sondern auch die Ausbreitung neuer Schadorganismen, die durch die klimatischen Veränderungen bei uns heimisch werden.

Gefahr durch die vom Klimawandel verursachte oder zumindest begünstigte Verbreitung von Schädlingen droht auch der Forstwirtschaft – vor allem durch den Borkenkäfer, der sich bei milden Temperaturen stark vermehrt. Sein bevorzugtes Zielgebiet: die hierzulande weit verbreiteten Monokulturen der Fichtenwälder. Wie in der Landwirtschaft wäre es also auch hier eine Strategie, sich auf resistentere und an die neuen klimatischen Verhältnisse besser angepasste Bäume und vermehrt auf Mischwälder zu verlegen – vor allem, weil durch geschwächte Wälder nicht nur die Forstwirtschaft und Holzindustrie beeinträchtigt wird. Geschwächte Bäume erfüllen ihre Schutzfunktion gegen Lawinen und Muren nicht mehr, wodurch es zu Hangrutschungen und infolgedessen zu großen Schäden an der Infrastruktur kommen kann – zumal auch mit einer Zunahme von extremen Wetterereignissen wie lokalem Starkregen zu rechnen ist. Insofern wäre es auch hier eine Überlegung, den Staat stärker einzubinden – etwa bei der Waldpflege, um die Ausbreitung von Schädlingen zu mindern. Dies verursacht zwar zusätzliche Kosten, allerdings fallen die Kosten für Aufräumarbeiten und Wiederaufbau, die nach einem Unglück jedenfalls auf die öffentliche Hand zukommen, dann meist wesentlich höher aus. Vorausschauende Investitionen erlösen hier somit Einsparungen zu einem späteren Zeitpunkt.

1.3.2 Fertigung/Handel

Investitionen und Produktionsplanungsentscheidungen, um sich gegen die Folgen des Klimawandels zu wappnen, werden auch von Unternehmen nicht in allen Bereichen gleich konsequent getroffen. Umwelt-Gefahren werden zwar meist als ein Unternehmensrisiko betrachtet, allerdings nur als eines unter vielen. Vergleichsweise gut plan- und einbeziehbar in Unternehmensentscheidungen sind Aspekte im Kontext direkter klimapolitischer Vorgaben, etwa um von einem möglichen Preisanstieg von CO_2-Zertifikaten nicht überrascht zu werden. Viel schwieriger ist es seltener erwarteten Extremereignissen vorzubeugen, etwa dem totalen Produktionsausfall einer Niederlassung in Südostasien wegen einer Hochwasserkatastrophe. Verfügt ein Unternehmen aber über Standorte im Ausland oder ist von einer weit verzweigten Lieferkette abhängig, wie das etwa für den für die Steiermark immens

---

[7] Unterberger et al., Spring frost risk.

wichtigen Automotiv-Bereich gilt, fällt es nicht immer einfach, die Bedrohungen richtig einzuschätzen. Dies war etwa bei der Thailandflut 2011 der Fall, die nicht nur globale Auswirkungen auf die Automobilindustrie hatte, sondern auch auf die Halbleitererzeugung. Wie vulnerabel eine Marktwirtschaft in Zeiten globalisierter Lieferketten ist, hat gerade die Corona-Pandemie gezeigt, als Europa Gefahr lief, von der pharmazeutischen Produktion in Ostasien abgeschnitten zu werden. Gerade aber Länder in Ostasien – ebenso wie die Vereinigten Staaten oder Mexiko – sind vom Klimawandel besonders betroffen. Extremereignisse dort haben einen Effekt auf Wertschöpfung und Erwerbstätigkeit hierzulande, weil sie entweder Zulieferer oder wichtige Absatzmärkte der heimischen Industrie sind oder beides. Insofern kommt es für Unternehmen darauf an, Klimarisiken adäquat und vor allem langfristig zu bewerten.

Ein weiteres Thema ist extreme Hitze im Sommer, von der gerade der Südosten Österreichs und damit die Steiermark stark betroffen sein wird. So ist von einem massiven Anstieg von Hitzetagen auszugehen. Extreme Hitze lässt erwiesenermaßen die Produktivität sinken, da die Konzentration nachlässt – so ist bei einem starken Klimawandel österreichweit bis 2045 mit Produktivitätsverlusten von bis zu rund 40 Millionen Euro jährlich zu rechnen, wobei die gesamtwirtschaftlichen Schäden durch die wirtschaftliche Verflechtung drei- bis viermal so hoch ausfallen können.[8] Zudem lässt sich eine erhöhte Anfälligkeit für Krankheiten beobachten. Der Versuch, diesem Problem technisch beizukommen, ist dabei nur empfehlenswert, wenn er auf nachhaltigen Strategien beruht – etwa eine angepasste Architektur, natürliche Beschattung oder ein integriertes Energie- und Wärmekonzept, das meist sogar ohne Fremdenergie und jedenfalls ausschließlich auf Basis erneuerbarer Energie betrieben werden kann. Zudem sollte, sofern möglich, an flexiblere Arbeitszeiten gedacht werden. Ein Ausweichen auf die Morgen- und Abendstunden könnte dahingehend Entlastung bringen. Auch hier bieten die während des Corona-Lockdowns gemachten Erfahrungen die Möglichkeit, neue Wege zu gehen und althergebrachte Strukturen durch neue, an den Klimawandel angepasste zu ersetzen, Stichwort „Home Office".

1.3.3   Siedlungsstrukturen

Im Bereich jener Treibhausgasemissionen, für die die Steiermark auf Ebene der Landesverwaltung selbst Gestaltungskraft hat und damit Verantwortung trägt – dh im Bereich der nicht über den europäischen Emissionshandel geregelten Emissionen aus der Industrie – hat der Verkehrssektor den weitaus größten Anteil. Diese Emissionen aus dem Verkehr sind zudem nicht nur nicht sinkend, sondern steigen in den letzten Jahren in der Steiermark sogar absolut weiter an. Emissionen aus dem Verkehr sind somit eine besondere Herausforderung, der sich unser Bundesland noch wesentlich besser zu stellen hat.

---

[8] Urban et al., Arbeitsproduktivität.

Ein wesentlicher Grund für diese Emissionsentwicklung im Verkehr ist der hohe Grad an Zersiedlung in Österreich im Allgemeinen und in der Steiermark – gemeinsam mit den anderen Flächenbundesländern Ober- und Niederösterreich – im Besonderen. Gebiete mit zu geringer Flächendichte der Bevölkerung lassen sich nicht oder nur sehr schwer durch öffentlichen Personen-Nahverkehr erschließen, es bleibt nur der – bisher weit überwiegend fossil betriebene – PKW. Auch ein Umstieg auf elektrisch betriebene PKW, eine erneuerbare Stromversorgung voraussetzend, würde eine Reihe von Belastungen des motorisierten individuellen Straßenverkehrs nicht lösen: von Lärm, über Stauanfälligkeit und Unfallfolgekosten bis hin zu insgesamt hohen Mobilitätskosten. Die Zersiedlung umgekehrt hat neben ihrer PKW-verkehrserhöhenden Wirkung auch weitere Folgen: hohe tatsächliche Aufschließungskosten für Gemeinden (Straßen, Kanal) und Versorgungsunternehmen (Strom, Wasser) sowie nur mehr kleinteiligere durchgängig siedlungsfreie Flächen, was einen biodiversitäts-reduzierenden Faktor darstellt.

Wodurch ist dieser hohe Zersiedlungsgrad entstanden? Zudem jedoch sogar: Warum steigt die Zersiedlungsgrad auch heute noch weiter stark an? Die Zuordnung der Entscheidungen in der Flächenwidmung auf die Gemeindeebene und das Fungieren des Bürgermeisters als oberste Baubehörde führen zu einem Spannungsfeld in der Flächenwidmung: Wenn Gemeindebürger eine Umwidmung in Bauland anstreben, wird dies selbst für Grundstückswidmungen, die mit hohen Folgekosten für die Gemeinde verbunden sind (etwa weil sie weitab bestehender Infrastruktur liegen), nicht im Sinne des Allgemeinwohls, sondern – im Hinblick auf zukünftige Wählerstimmen – zugunsten der Umwidmung entschieden. In dieser Spannungslage kann der einzelne Bürgermeister vielfach schwer anders entscheiden, erforderlich wäre daher eine Revision der Zuständigkeit. Wir ersehen es z.B. in Bayern, wo es nicht gewählte Volksvertreter, sondern Verwaltungsbeamte auf der Ebene des Kreises (in Österreich: Bezirk) sind, die diese Widmungsentscheidung vornehmen, und hier ausschließlich im Gesamtinteresse entscheiden können, was sich in viel kompakteren Siedlungsstrukturen und raumsparender Flächenwidmung manifestiert.

Solange eine verfassungsmäßige Änderung dieser Kompetenzverteilung nicht gelingt (zuletzt ist eine solche im Kontext der Verfassungskonvents 2003–2005 gescheitert), kann die Gemeinde zumindest individuell Baurechtskompetenz an die jeweilige Bezirksbehörde abgeben („Delegationsverordnung"), wobei mancherorts ein solcher Schritt inner-ortspolitisch schwierig durchzusetzen sein mag. Eine andere durch das Land Steiermark mögliche Anreizsetzung könnte im Bereich der Bedarfszuweisungsmittel liegen, wenn diese zur Verwendung insbesondere für den Bereich Verkehr dann erfolgt, wenn entweder eine solche Delegation erfolgt ist oder eine nachweislich raumsparende Flächenentwicklung belegt werden kann.

Dies könnte ein Element einer klar klimaschutzorientierten Energie- und Mobilitäts-Raumplanung darstellen, mit Schwerpunkt auf urbanen und regionalen Kernräumen nach den Grundsätzen von Funktionsmischung, maßvoller Dichte und Innenentwicklung, die kurze Wege schafft und den Energie- und Mobilitätsbedarf strukturell verringert.

Um den in Österreich hohen Anteil an bereits gewidmeten, jedoch noch nicht verbauten Grundstücken – oft in hochgradig zersiedelten Strukturen gelegen – im Sinne einer Raumplanung der kurzen Wege abzubauen und dabei ohne Rückwidmungen und allenfalls öffentliche Entschädigungen auszukommen, bietet sich das Instrument der handelbaren Bauentwicklungsrechte an („tradeable development rights"), wie in anderen Ländern (etwa den USA) bereits implementiert. Mit Verfügbarmachung eines solchen Instruments werden zum einen Gebiete definiert, die in ursprünglicher (Grünflächen-)Nutzung erhalten bleiben sollen – sie fungieren als „Herkunftsgebiete" solcher Bauentwicklungsrechte. Zum anderen werden Gebiete bestimmt, in denen „mehr" Verbauung ermöglicht werden soll als in derzeitiger Flächenwidmung vorgesehen – sie werden als „Zielgebiete" definiert.

Auf so einer Basis können die Eigentümer von Grundstücken innerhalb der Zielgebiete genau dann mit größerer Dichte bauen, wenn sie Baulandentwicklungsrechte ankaufen; sie können dies nur aus den „Herkunftsgebieten" tun. Damit erfahren Grundstückseigentümer in beiden Gebietstypen keinen Wertverlust, mit den handelbaren Rechten wird aber ein Wertübertrag in die Zielgebiete möglich, gegen wertäquivalente Entschädigung. Die Entwicklungsrechte können von Besitzern über eine Drittagentur gehandelt werden. Ein solches Instrument kann die Entwicklung von Zentralität/zentralen Orten sichern, ohne einem Wertverlustproblem begegnen zu müssen. Die Steiermark könnte hier eine Rolle als Vorreiter und auch Vorzeigebeispiel innerhalb Österreichs einnehmen.

1.3.4 Gebäude

Der Gebäudebestand und dessen Nutzung ist von Klimawandelfragen in vor allem zwei Dimensionen betroffen: in der erforderlichen Anpassung, damit er für die neuen sich zukünftig materialisierenden klimatischen Bedingungen und Extremereignis-Stärke gewappnet ist, und in der Minderung seiner Treibhausgasemissionen. In beiden Dimensionen ist die gesamtwirtschaftliche Bedeutung hoch, diesen Anforderungen umfassend gerecht zu werden. Damit können einerseits zukünftige Klimawandelfolge-Schäden an der Infrastruktur deutlich gemindert werden und es besteht andererseits die Chance zu einem insgesamt kostengünstigeren Betrieb und zu höherer Nutzungsqualität in Gebäuden, die aus innovativer Planung und Errichtungsform folgen. Der Aspekt der Emissionsminderung soll im Folgenden mit Fokus auf ein Planungsinstrument näher beleuchtet werden, bietet doch die Steiermark auch im internationalen Vergleich besonders günstige Voraussetzungen dafür, die entsprechenden Konzepte und Technologien zu entwickeln und vor Ort einzusetzen.

Die Begrenzung der globalen Erwärmung auf deutlich unter 2°C mit dem Ziel von 1,5°C gemäß dem Pariser Abkommen der Vereinten Nationen erfordert eine strikte Begrenzung der zukünftigen globalen Treibhausgasemissionen auf der Grundlage eines globalen Treibhausgasbudgets. Die geophysikalische und geowissenschaftliche Literatur informiert über die maximale zukünftige Emission von Treibhausgasen, die in Zukunft in die Atmosphäre freigesetzt werden kann, ohne das Ziel des Pariser Abkommens zu überschreiten, und zwar jeweils bezogen auf eine bestimmte Wahrscheinlichkeit der Überschreitung. Diese Gesamtmenge wird als (wahrscheinlich-keits- und temperaturzielbezogenes) globales Treibhausgasbudget bezeichnet. Die zukünftigen Treibhausgasemissionen – aufsummiert „über alle Zukunft" – müssen innerhalb dieses Budgets bleiben.

Für das aus diesem globalen Wert ableitbare Treibhausgasbudget Österreichs und der Steiermark gilt, dass die Aktivitäten des Gebäudesektors gegenwärtig einen besonders großen Anteil davon in Anspruch nehmen. Diese Aktivitäten beinhalten sowohl den Betrieb der Gebäude (z.B. Emissionen aus der Bereitstellung von Raum-wärme oder Warmwasser) als auch die Errichtung an sich (Emissionen, die im Zuge der Herstellung der Baustoffe und der Errichtung der Infrastrukturen selbst entste-hen, oft werden sie als in diesen Infrastrukturen enthaltene „graue Emissionen" bezeichnet). Gemeinsam sind alle diese Aktivitäten in Österreich aktuell mit 23 % für knapp ein Viertel der jährlich durch österreichische Aktivitäten ausgelösten Emissio-nen verantwortlich. In den üblicherweise verwendeten Statistiken werden dem-gegenüber in der Kategorie „Gebäude" meist nur die Emissionen aus dem Betrieb geführt, und diese nur sofern sie direkt mit Emissionen vor Ort verbunden sind, also selbst ohne Emissionen aus z.B. Elektrizität oder Fernwärme. Eine gesamthaftere Betrachtung wäre hier hilfreich. Es werden dann auch mögliche wirkungsvolle Ab-täusche sichtbar, etwa könnten Mehr-Emissionen in der Errichtung besserer Struktu-ren sich aus wesentlich höheren Reduktionen aus dem Betrieb über deren gesamte Nutzungsdauer rechtfertigen. Da sowohl die Nutzungsdauer der Gebäude als auch die Lebensdauer von Treibhausgasen, insbesondere Kohlendioxid, eine sehr lange ist, bietet sich der Treibhausgasbudget-Ansatz hier als so hilfreiches Konzept an. Denn entscheidend für die langfristige Treibhausgaskonzentration in der Atmosphäre ist die während der nächsten Dekaden insgesamt emittierte Menge – und diese gilt es daher in dieser langfristigen Betrachtung zu steuern.

Das Konzept des Treibhausgasbudgets hat das Potenzial, ein transparentes und infor-matives Instrument für die Analyse, die Politikgestaltung und die Überwachung der Treibhausgas-Emissionspfade zu bieten, insbesondere für die damit verbundenen langen Zeithorizonte. Mittels dieses konzeptionellen Ansatzes lässt sich eine kosten-effiziente Verteilung der Anstrengungen über die Zeit gestalten, und er hilft die Neu-gestaltung der Investitionspolitik vorzunehmen, damit Verbesserungen des Kapital-stocks innerhalb des Treibhausgasbudgets bleiben (einschließlich eines Kompromis-ses zwischen höheren investitionsinduzierten Emissionen und darüber hinausgehen-den Einsparungen in den operativen Emissionen).

Der Treibhausgasbudget-Ansatz für den Gebäudesektor lässt sich auch gut mit jenem auf kommunaler Ebene verknüpfen und kann die dort jüngst bereits gewonnenen Erfahrungen nutzen. Weltweit haben in den letzten Jahren bereits eine Vielzahl von Städten ihre Klimapolitik auf ein städtisches Treibhausgasbudget aufgebaut: In Euro-pa in besonders hoher Dichte in Schweden und Großbritannien, in Österreich haben Graz und Wien hier zumindest erste Schritte gesetzt.[9]

---

[9] Pichler, Steininger, Treibhausgasbudget.

Der Ansatz des Treibhausgasbudgets wurde am Beispiel des Gebäudesektors Österreichs auch im Detail analysiert.[10]. Sein Einsatz könnte gerade in der Steiermark mit vorhandener Technologieführerschaft etwa in Bereichen der Fassadentechnik Synergien nutzen, vor allem aber dazu beitragen, den Weg zur Klimaneutralität gemeinsam und zum Vorteil aller zu entwickeln. Er könnte als zunächst freiwillige Initiative, später in einem verbindlichen politischen Rahmen für eine substanzielle und kostenwirksame Emissionsreduzierung bei der Errichtung und Nutzung von Gebäuden dienen.

1.4   Schlusswort

Die weitaus größten Kosten aus mangelnder Klimapolitik entstehen unserer Gesellschaft wie zu Beginn dieses Beitrags angesprochen heute durch falschen (weil fossilen) Lock-in, mangelnde Innovation in Hinblick auf zukunftsfähige Strukturen und somit unverminderte Wertschöpfungsverluste aus fossilen Importen. Dabei gäbe es vielfältige Motivationen für politische Entscheidungsträger und Investoren, die Risiken des fossilen Lock-Ins zu vermeiden – etwa sicherzustellen, dass die eigene Volkswirtschaft in einer klimaneutralen Zukunft wettbewerbsfähig bleibt und durch Entscheidungen über die Infrastruktur das Erreichen von Klimaschutzzielen gewährleistet ist. Überwunden werden kann der Lock-In nur durch Innovationen, Innovationen im technischen Bereich aber vor allem auch in Praktiken und Geschäftsmodellen. Diese können durch preisliche Anreize, Investitionen und Forschung gefördert werden. Gerade für die Steiermark als ein Bundesland mit einer Vielzahl an kreativen KMUs bietet sich hier eine Chance, um die regionale Wertschöpfung zu steigern und neue Arbeitsplätze zu schaffen. Schön wäre daher, wenn sich nachfolgende Generationen an 2020 nicht nur als „Corona-Jahr" erinnern würden – sondern als das Jahr, in dem der Auftakt zu einer neuen Klimapolitik erfolgte. Es besteht jedenfalls kein Grund, die Vogel-Strauß-Taktik anzuwenden und den Kopf in den Sand zu stecken. Das kreative Potenzial, das Ruder herumzureißen und auf die Herausforderungen des Klimawandels aktiv zu reagieren und seinen Teil dazu beizutragen, ihn abzufedern, kann gerade in einer Innovationsregion wie der Steiermark als Basis für einen auch langfristig erfolgreichen und zukunftsfähigen Weg besonders gut genutzt werden.

---

[10] Steininger et al., Sectoral carbon budgets.

Quellenverzeichnis

Angela Köppl, Karl W. Steininger (2004), Reform umweltkontraproduktiver Förderungen in Österreich: Energie und Verkehr, Leykam Verlag, Graz.

Manfred J. Lexer, Robert Jandl, Stefan Nabernegg, Birgit Bednar-Friedl, Matthias Themeßl, Angelika Wolf, Michael Kriechbaum, Michael Pech (2014), Auswirkungen des Klimawandels auf die Holzproduktion in Österreich, CCCA Fact Sheet #11.

Hermine Mitter, Martin Schönhart, Erwin Schmid, Ina Meyer, Franz Sinabell, Klemens Mechtler, Gabriel Bachner, Birgit Bednar-Friedl, Klaus P. Zulka, Martin Götzl, Matthias Themeßl, Angelika Wolf, Michael Kriechbaum, Michael Pech (2014), Auswirkungen des Klimawandels auf die pflanzliche Produktion in Österreich, CCCA Fact Sheet #2.

Christian Pichler, Karl W. Steininger (2019), Das Treibhausgasbudget für die Stadt Graz: Die aktuell der Stadt Graz zuzurechnenden Treibhausgas-Emissionen als Basis für sowohl Mitigationspfade als auch die Zurechnung des Carbon Budgets für Graz, Wegener Center Scientific Report 84-2019, Wegener Center Verlag, Universität Graz.

Karl W. Steininger, Lukas Meyer, Stefan Nabernegg, Gottfried Kirchengast (2020), Sectoral carbon budgets as an evaluation framework for the built environment, Buildings and Cities 1(1). https://doi.org/10.5334/bc.32.

Karl W. Steininger, Birgit Bednar-Friedl, Nina Knittel, Gottfried Kirchengast, Stefan Nabernegg, Keith Williges, Roland Mestel, Hans-Peter Hutter, Lukas Kenner (2020), Klimapolitik in Österreich: Innovationschance Coronakrise und die Kosten des Nicht-Handelns, Wegener Center Research Briefs 1-2020, Wegener Center Verlag, Universität Graz. https://doi.org/10.25364/23.2020.1.

Herwig Urban, Karl Steininger, Matthias Themeßl, Angelika Wolf, Michael Kriechbaum, Michael Pech (2014), Auswirkungen des Klimawandels auf die Arbeitsproduktivität in Fertigung und Handel in Österreich, CCCA Fact Sheet #5.

Christian Unterberger, Lukas Brunner, Stefan Nabernegg, Karl W. Steininger, Andrea K. Steiner, Edith Stabentheiner, Stephan Monschein, Heimo Truhetz (2018), Spring frost risk for regional apple production under a warmer climate, PLoS ONE 13(7). https://doi.org/10.1371/journal.pone.0200201.

Kapitel 2

Klima- und Energiestrategien im Wandel der Zeit

Dipl.-Ing. Wolfgang Jilek, Energiebeauftragter des Landes Steiermark von 1986 bis 2015

2.1   Energiewende?

Heute stellen sich – mit Ausnahme ein paar unbelehrbarer – die meisten Regierungen hinter die Forderung eines verstärkten Klimaschutzes, zumindest verbal. Offenbar haben nicht nur wissenschaftliche Erkenntnisse, sondern vor allem ungewöhnliche Wetterereignisse, die wir mit der Klimaänderung verbinden, ein Umdenken bewirkt. Die Veränderungen des Klimas und vor allem deren langfristige Auswirkungen waren aber noch lange kein Thema, als es die ersten Prognosen einer zu erwartenden bedrohlichen Entwicklung gegeben hatte.

Eine Energiewende war, wenn auch noch nicht so bezeichnet, schon vor immerhin mehr als 40 Jahren nach den Erdölkrisen 1973 und 1979 mit einem erstmals exorbitanten Ölpreisanstieg angedacht. Im Oktober 1973 beschloss die OPEC (Organisation der Erdöl exportierenden Staaten) eine Reduktion der Ölförderung als Reaktion auf die im „Yom-Kippur-Krieg" durch Israel erfolgten Gebietsbesetzungen, sozusagen als Bestrafung Israels und seiner Verbündeten. Der Ölpreis verzeichnete einen nie dagewesenen Anstieg (von 3 auf 5 US\$ und im darauffolgenden Jahr auf 12 US\$) und die westlichen Industrieländer und auch Japan, die in hohem Maß vom Import von Rohöl aus den OPEC-Ländern abhängig waren, wurden damit in eine schwierige Situation gebracht.

Als Reaktion darauf gab es in Europa autofreie Sonntage, Geschwindigkeitsbegrenzungen und weitere Einschränkungen des Individualverkehrs, in Österreich wurden einige konkrete Maßnahmen wie Autofahren z.B. mit geraden Nummern am Kennzeichen nur an jedem zweiten Tag (vielleicht der Beginn des Zweitauto-Booms – mit ungerader Nummer) zum Energiesparen getroffen, auch eher fragliche wie die Energiesparwoche (auch als „Energieferien" bezeichnet) oder – auf Empfehlung des Bundeskanzlers – Nass- statt Trockenrasieren. Immerhin beschäftigte man sich erstmals ernsthaft mit den Themen Energiesparen und effizientem Energieeinsatz, auch mit der Verwendung erneuerbarer Energien, damals von vielen allerdings als bestenfalls „additive" Energie angesehen.

Bei allen negativen wirtschaftlichen Folgen gab es doch auch positive. Im Rahmen der OECD wurden Maßnahmen zur Begegnung einer vergleichbaren Krise im International Energy Programme (IEP) zusammengefasst und wurde 1974 die International Energy Agency (IEA) gegründet. US-Außenminister war Henry Kissinger, der besonders auf die möglichen Gefahren einer zu starken OPEC hinwies. Die Leitlinien der

IEA umfassten dabei interventionistische Ansätze – Verbraucher und Industrie werden dazu gebracht, weniger Öl zu verbrauchen – wie auch marktorientierte – ein hoher Ölpreis zieht Einsparungen nach sich (muss dazu aber auf dem hohen Niveau bleiben).

Nach einer Phase der wirtschaftlichen Erholung während der darauffolgenden Jahre – der Ölpreis war nach 1973/1974 nicht weiter angestiegen – kam 1979 der nächste Ölpreisschock: Ein Barrel (159 Liter) kostete bis zu 38 US$. Ursache war im Wesentlichen die hohe Verunsicherung nach der Islamischen Revolution im Iran und der darauf folgende Angriff des Irak auf den Iran, den Saddam Hussein im Glauben vom Zaun brach, der Irak könne die Schwäche des Iran dazu nutzen, die Vorherrschaft des Iran am Persischen Golf zu beenden. Der Krieg endete erst 1988 nach erheblichen menschlichen und wirtschaftlichen Verlusten auf beiden Seiten, ohne Sieger, mit einem Waffenstillstand.

Nach 1980 war der Ölpreis relativ rasch wieder gefallen, wenn auch bei Weitem nicht auf das Niveau vor der ersten Krise (und mit ihm auch die Bedeutung der OPEC). Die von einzelnen Staaten verfügten Einschränkungen waren rasch wieder beendet, aber energiepolitische Entscheidungen waren getroffen worden, die von der Verwendung von Öl wegführen sollten. Dabei wurden sehr unterschiedliche Wege eingeschlagen. Frankreich setzte in erster Linie auf den Ausbau der Kernenergie (2018 rund 41 % des gesamten Energieeinsatzes und 72 % der Strombereitstellung). Auch einige andere Staaten verfolgten diese Strategie, währenddessen beispielsweise Dänemark, bis 1973 extrem abhängig von importiertem Öl, einen völlig anderen Weg ging:

Noch 1979 beschloss Dänemark das Wärmeversorgungsgesetz, für den Bereich der Niedertemperaturwärmeversorgung eine verbindliche gesetzliche Grundlage für systematisch abgeleitete energiepolitische Entscheidungen auf regionaler und kommunaler Ebene (Wärmepläne). Zudem wurde Energieeffizienz zu einem zentralen Thema der Energiepolitik, ebenso wie der Ausbau erneuerbarer Energien, vor allem der Windkraft. 2018 wurden rund 33 % des gesamten Energieeinsatzes aus erneuerbaren Quellen bestritten und 40 % des elektrischen Stroms mit Windkraft abgedeckt. Dänemark ist heute das Vorbild für eine erfolgreiche und zukunftsorientierte Energiepolitik schlechthin.

2.2   Steiermark: Energie- und Rohstoffplan 1984

Reaktionen auf regionaler Ebene ließen einige Zeit auf sich warten. Immerhin gehörte aber die Steiermark mit dem „Energie- und Rohstoffplan 1984" zu den ersten europäischen Regionen, die eine eigene Energiestrategie zu Papier brachten. Die dem Energieplan zugrunde gelegten Grundsätze und Ziele sahen vor, die Gesamtenergieabhängigkeit kurzfristig zu stabilisieren und langfristig zu senken und die Abhängigkeit von „externen" Energieträgern so weit wie möglich zu reduzieren. Bei der Umsetzung sollten die Paradigmen Umwelt- und Sozialverträglichkeit wie auch volkswirtschaftliche Effizienz Berücksichtigung finden. Dem sollten auch etliche Maßnahmen folgen. So wurden vor allem die Verwendung von Biomasse zur Wärmebereitstellung und die (thermische) Nutzung von Solarenergie mit diversen Fördermaßnahmen bedacht, von Zuschüssen zu installierten Anlagen bis zur Unterstützung von Projekten im Rahmen von Forschung und Entwicklung. Das war durchaus erfolgreich: Die Steiermark wurde in den 80er Jahren zu einer der führenden Regionen, was den Anteil erneuerbarer Energie am Gesamtenergiebedarf betrifft.

Die Verwendung von Biomasse in Fernwärmeanlagen war jedenfalls ein Novum. Anfang der 80er Jahre entstanden die ersten „Biomasse-Nahwärmenetze", so genannt, weil sie vergleichsweise klein waren (die ersten hatten Leistungen von wenigen MW) und um sie von konventionellen, damals in den meisten Fällen mit Kohle, manchmal mit Erdgas und selten mit Öl befeuerten Fernwärmenetzen zu unterscheiden. Entsprechend der energiepolitischen Vorgabe, erneuerbare Energien zu priorisieren, wurden anfangs seitens des Landes Steiermark hohe (Investitions-)Förderungen für solche Projekte zur Verfügung gestellt und konnte damit und mit einer umfassenden Informationskampagne rasch die Entstehung vieler weiterer Anlagen ausgelöst werden. Im Jahr 1990 gab es einige dutzend Anlagen in Österreich, heute sind es über 2.400.

So erfreulich diese Entwicklung in den 90er Jahren aus energiepolitischer Sicht schien, so kritisch wurde sie von anderer Seite gesehen, zum Beispiel von der Papierindustrie, die den Zugriff auf einen billigen Rohstoff in Gefahr witterte, aber auch von besorgten Bürgern, die eine zusätzliche Belastung für die Umwelt wegen der Staubemissionen fürchteten. Zudem führte die Vielzahl von neuen Anlagen dazu, dass neben hochqualifizierten auch zunehmend Planungsbüros tätig wurden, deren Qualifikation den hohen Anforderungen an eine schadstoffminimierte Verwendung von Biomasse in effizienten Nahwärmenetzen nicht vollständig gerecht wurde. Deshalb wurde vom Energiebeauftragten gemeinsam mit dem LandesEnergieVerein zunächst ein Qualitätssicherungssystem in der Steiermark installiert, das nach einer Ausschreibung des damaligen Umweltministeriums im Jahr 2006 bundesweit eingeführt wurde und seitdem im Rahmen der „Umweltförderung im Inland" für alle Anlagen verpflichtend ist, deren installierte Biomassekesselnennleistung 400 kW bzw. deren Netzlänge 1.000 Trassenmeter erreicht oder übersteigt. Das „QM (Qualitätsmanagement) Heizwerke" wurde für ganz Österreich zunächst vom LandesEnergieVerein (jetzt: EnergieAgentur Steiermark) in Graz geleitet, seit 2014 von der Arbeitsgemeinschaft Erneuerbare Energie – Institut für Nachhaltige Technologien (AEE INTEC) in Gleisdorf. Die Entwicklung der Biomasse-Nahwärme und des Qualitätsmanagements hat große Aufmerksamkeit und positive Resonanz in vielen europäischen Ländern gefunden.

Nicht weniger erfolgreich und nicht so sehr kritisch beäugt wurde die Entwicklung der thermischen Nutzung der Sonnenenergie. Den Startpunkt markierte die Initiative der Arbeitsgemeinschaft Erneuerbare Energie in Gleisdorf (gegründet 1988), mit deren Hilfe zahlreiche Selbstbaugruppen Solaranlagen errichteten. Selbstbaugruppen waren schon vor der Gründung seit 1975 aktiv, wobei der Rückgang der Ölpreise bis

1984 zu großen Markteinbrüchen geführt hatte, danach aber – auch dank der Landesförderung – gestoppt werden konnte. Die Selbstbaugruppen wurden zunächst vom Land Steiermark unterstützt, dann wurde eine eigene Förderschiene für Solarenergie eingeführt und auch weitere Bundesländer folgten dem Beispiel. Bis 1990 konnten so rund 66.000 m² installiert werden. Zunächst vom Gewerbe eher skeptisch betrachtet wurde die Errichtung thermischer Solaranlagen auch bald ein neues Arbeitsfeld zahlreicher Gewerbebetriebe.

Nur wenige Experten thematisierten in den 80ern das Thema Klima(änderung). Die Gründe für ein Umdenken waren eher eine befürchtete Ressourcenknappheit – der Club of Rome sah beispielsweise das Ende der Ölförderung oder zumindest den „peak oil", also das Fördermaximum, nahe. Oder die wachsende Abhängigkeit von Energierohstoffen aus politisch schlecht einschätzbaren und nicht beeinflussbaren Weltregionen und damit das Ausgeliefertsein bei Preissprüngen. Es gab zwar das Erdölkartell OPEC, aber die derzeit ungeheuer komplexe weltweite wirtschaftliche Vernetzung war noch nicht so ausgeprägt, die heute weit mehr Einfluss auf die Preisgestaltung von Energierohstoffen nimmt als irgendeine noch so mächtige Organisation – gut nachvollziehbar im Versuch der OPEC+ (mit Russland), den Anfang 2020 tief gefallenen Ölpreis wieder auf ein Niveau zu bringen, das die Einnahmen ihrer Mitgliedsstaaten wieder sprudeln lässt. Tief gefallen – zeitweise bekam man bezahlt dafür, Rohöl abzunehmen!

2.3   Steiermark: Energieplan 1995

Im Jahr des Eintritts Österreichs in die Europäische Union wurde die steirische Energiestrategie in Form des „Energieplan 1995" beschlossen, in dem vier Ziele angesprochen wurden:

Ziel 1 war die Verringerung des spezifischen Energieeinsatzes für Raumheizung und Warmwassererzeugung um 20 % durch Verbesserung des Wärmeschutzes und passive Nutzung der Sonne ebenso wie durch Erhöhung der Effizienz von Anlagen zur Wärmebereitstellung. Ziel 2 sollte die verstärkte Entwicklung des Einsatzes erneuerbarer Energien und die Ausweitung ihres Anteils am Energieaufkommen für den Inlandsverbrauch auf mindestens 34 % sein, vor allem durch die (weitere) Nutzung der Wasserkraft, der Biomasse und der Sonnen- und Windenergie. Ziel 3 forderte die Reduktion des spezifischen Energieeinsatzes in Gewerbe und Industrie um 20 % durch verstärkte Beratung (wie beispielsweise über die „Ökologische Betriebsberatung"), Ausbildung von Energieverantwortlichen und Effizienzsteigerung der gewerblichen und industriellen Anlagen. Ziel 4 schließlich erwartete eine Verringerung des spezifischen Energieeinsatzes im Verkehr durch raumplanerische und bauliche Maßnahmen.

Als erfolgreich, wenn auch nicht im postulierten Ausmaß, kann die Energieeinsparung angesehen werden, zumindest im Bereich der Gebäude. Die Erdölkrise hatte es erstmals möglich gemacht, in der Wohnbauförderung – und Anfang der 80er Jahre war noch ein Großteil der Wohngebäude gefördert – erste Maßnahmen zur Verminderung des Energiebedarfs und zur Verwendung erneuerbarer Energien zu setzen. Die Maßnahmen der Energiestrategie 1995 setzten diese Bemühungen fort. Der Beitritt zur Europäischen Union hatte in den ersten Jahren nach 1995 noch wenig Konsequenzen, was die Verringerung des Energiebedarfs von Gebäuden betrifft, sollte aber später mit einer den Energiebedarf von Gebäuden betreffenden Richtlinie noch großen Einfluss nehmen.

Das Ziel, den Anteil erneuerbarer Energien zu erhöhen, wurde durchaus verfolgt, wenn auch teilweise gegen große Widerstände. Fernwärme aus Biomasse wurde allmählich zum Trend, die Qualität der Anlagen und Systeme wurde besser und die erste Periode, in der doch einige Betreiber vor dem Ruin gestanden waren und ihre Anlagen verkaufen mussten – in den meisten Fällen an die heutige Energie Steiermark und an die KELAG, beide erfahrene Fernwärmebetreiber – war auch vorüber. Die Nutzung von Wasserkraft war und ist umstritten, wie auch von Anfang an die der Windkraftanlagen und selbst Fotovoltaik wurde, zumindest in Form größerer Anlagen, von Bürgerinitiativen bekämpft. Dennoch stieg der Anteil Erneuerbarer allmählich.

Die Steiermark wagte es sogar, den Einsatz von Heizöl in geförderten Wohngebäuden zu unterbinden, was – lange seitens der anderen Bundesländer kritisch beäugt – allmählich von anderen Wohnbaufördersystemen übernommen wurde und letztlich auch daran mitgewirkt hat, dass es heute ein weitreichendes Einverständnis darüber gibt, dass der fossile Brennstoff Heizöl in der Gebäudebeheizung eigentlich nichts verloren hat. Dafür Erdgas zu verwenden – auch ein fossiler Brennstoff – ist in Diskussion.

Wenig erfolgreich war die Verbesserung der Energieeffizienz. Hier kann allenfalls der Industrie bescheinigt werden, dass die je Produktionseinheit eingesetzte Energie geringer geworden ist. Die Beratung von Betrieben wurde ausgebaut, „Branchenkonzepte", z.B. für metallverarbeitende Betriebe, Bäckereien oder Hotels, konnten einzelne durchaus bemerkenswerte Erfolge vorweisen, wurden aber nicht auf breiter Basis angenommen. In vielen Bereichen fiel der Energieeinsatz auch deshalb nicht oder nur wenig, weil zwar für grundlegende Funktionen weniger Energie eingesetzt wurde, aber gleichzeitig der Funktionsumgang erweitert und der Komfort verbessert wurde, ein gutes Beispiel dafür ist das Auto.

Und das Auto, der Individual- und Güterverkehr auf der Straße, blieb eines der größten Problemzonen. Erfolge in der Raumordnung blieben ebenso aus, das Schlagwort der „Energieraumplanung" hatte zwar schon in den 80er Jahren ambitionierte Ziele in Bezug auf die Reduktion des Energieeinsatzes mit sich gebracht, an der Umsetzung der Ideen dazu scheiterte es aber immer wieder. Auch im Jahr 2020 ist Energieraumplanung wieder ein Thema und erfährt vielleicht mehr Unterstützung, weil das Umweltbewusstsein allgemein gestiegen ist.

2.4 Steiermark: Energiestrategie 2005–2015

Die Energiestrategie 2005–2015 des Landes Steiermark war im Wesentlichen eine Fortschreibung der vorangegangenen Ziele und Maßnahmen. Die Evaluierung der genannten (Haupt)Ziele ergab, dass der spezifische Energiebedarf für Raumheizung und Warmwasser zwar leicht zurückgegangen, der Strombedarf aber um 1,5 bis 2 % jährlich gestiegen war. Der Marktanteil der Erneuerbaren konnte nicht wesentlich gesteigert werden (2005: 21.3 % lt. EU-Richtlinie Erneuerbare) und der spezifische Energiebedarf in Gewerbe und Industrie war zwar gesunken, aber bei Weitem nicht im geforderten Ausmaß. Der Energiebedarf des Sektors Verkehr hatte die größte Zunahme zu verzeichnen, da, obwohl der spezifische Energiebedarf dank verbesserten Technologien leicht gesunken war, der erhöhte Komfort und vor allem die stark vermehrte Kilometerleistung sowie – nicht zuletzt – der günstige Ölpreis alle Bemühungen konterkariert hatten.

Die neuen Ziele sahen – wohl mehr pragmatisch als progressiv – Folgendes vor:

- die Senkung des Energieeinsatzes in den Bereichen Haushalte, Kleinverbraucher und Industrie um 1 % jährlich,
- die Erhöhung des Anteils Erneuerbarer am energetischen Endverbrauch auf 33 % (und damit in diesem Bereich ein um 1 % verringertes Ziel) unter der Bedingung eines stabilisierten Energiebedarfs (was im Mittel bis 2020 nicht eintrat) und
- die Stabilisierung des Energiebedarfs im Verkehrsbereich.

Bereits 1997 war das Kyoto-Protokoll unterzeichnet worden und nach „Ratifikation von 55 Vertragsparteien mit mindestens 55 % der Kohlendioxidemissionen der Industrieländer des Jahres 1990" im Jahr 2005 in Kraft getreten. Die darin vereinbarten Ziele hatten durchaus Auswirkungen auf die Energie- und mittlerweile auch Klimapolitik Österreichs und der Bundesländer, zumindest insofern, als Maßnahmen sich nicht – wie nach 1984 – prioritär auf die vielleicht drohende Ressourcenknappheit oder die Abhängigkeit von Importen, sondern auf die Bekämpfung des sich abzeichnenden Klimawandels bezogen. Deshalb machte es sich auch im Jahr 2009 erstmals die Bundesregierung unter Faymann/Pröll zur Aufgabe, eine österreichische Energiestrategie zu erarbeiten. „Energieberichte" der Bundesregierung hatte es immer wieder einmal gegeben, doch diese hatten kaum energiepolitische Absichtserklärungen oder Ziele enthalten.

2.5 Energiestrategie Steiermark der Sozialpartner 2009

„In seltener Einigkeit" (Zitat ORF) stellten 2009 die steirischen Sozialpartner einen Bericht vor, der die machbaren Wege des Energiesparens und der Erzeugung erneuerbarer Energie aufzeigen sollte – einig darüber, dass die Energieprobleme der Steiermark dringend Lösungen bedürften und diese gewissermaßen schon auf dem Tisch lägen, nur nicht realistisch aufbereitet und zusammengefasst seien. Dem Bericht entsprechend sei die Zielvorgabe der EU, bis zum Jahr 2020 mindestens ein Drittel der benötigten Energie aus erneuerbaren Ressourcen zu erzeugen, in der Steiermark nicht umzusetzen. 2009 lag deren Anteil lt. Statistik Austria bei 26,8 %, im Jahr 2018 bei 29,6 %, allerdings bei einem deutlich erhöhten Energetischen Endverbrauch (2009: 173,3 PJ; 2018: 187,9 PJ).

Der vorgelegte Bericht enthält Zielvorgaben, die als „außer Streit stehend und realistisch machbar" bezeichnet wurden: „Unter Anwendung aller Möglichkeiten und Suche nach allen Möglichkeiten werden wir maximal 22 bis 30 % schaffen können." Der Ökostromerzeugung wurde dabei ein hoher Stellenwert eingeräumt, insbesondere der Wasserkraft, ebenso der Biomassenutzung für die Wärmebereitstellung in Gebäuden und auch für den Betrieb von Autos. Zudem wurde für energiebewusstes Verbrauchsverhalten geworben und wurden weitere steuerliche Anreize für all diese Maßnahmen gefordert.

Angemerkt sei an dieser Stelle, dass die vom steirischen Energiebeauftragten ausgearbeiteten Energiestrategien 1995, 2005–2015 und 2025 immer in enger Abstimmung mit den Sozialpartnern entstanden und in der Steiermärkischen Landesregierung und im Landtag einstimmig beschlossen worden waren.

2.6   Österreichische Energiestrategie 2010

Die Energiestrategie wurde ab 2009 von rund 150 Experten in 8 Fach-Arbeitsgruppen (Gruppe 9 war Finanzierung) in einem sehr aufwändigen partizipativen Prozess erarbeitet. In diesen Fachgruppen waren die Sozialpartner, die Länder und verschiedenste Interessensvertreter tätig. Sie basierte auf den drei Säulen: Energieeffizienz, erneuerbare Energien und Versorgungssicherheit. Ein Paket von Maßnahmen sollte die Erreichung der europäischen Energie- und Klimaziele gewährleisten. Die ausgearbeitete Energiestrategie wurde 2010 vom Wirtschafts- und vom Umweltministerium vorgestellt. Sie enthielt Maßnahmenvorschläge, die die 20/20/20-Ziele der EU (siehe unten) in Österreich umsetzen helfen sollten:

- Steigerung der Energieeffizienz in allen wesentlichen Sektoren: Gebäude (Reduktion des Raumwärme- und des Kühlbedarfs und Verbesserung der Baustandards zu „Fast-Null-Energiehäusern", unterstützt durch Energieberatung und Energiemanagementsysteme; effiziente Mobilität (alternative Antriebe, Mobilitätsmanagement); effizienter Primärenergieeinsatz und Abwärmenutzung

- Ausbau Erneuerbarer Energien in der Stromerzeugung (Wasserkraft, Windkraft, Biomasse und Fotovoltaik); in der Raumwärme, diese sollte entsprechend den regionalen Stärken entweder aus Fernwärme (Abwärme, Kraft-Wärme-Kopplung, Biomasse) oder durch Einzelheizungen (Solarthermie, Biomasse, Umgebungswärme) optimiert bereitgestellt werden; im Verkehrsbereich: Erfüllung der EU-Richtlinie 10 % Erneuerbare Energie durch Biotreibstoffe und E-Mobilität

- Die langfristige Sicherstellung der Energieversorgung durch ausreichende Infrastruktur für Transport und Speicher. Hier wurde Österreich dank seiner geographischen Lage im Bereich der leitungsgebundenen Energieträger als Drehscheibe für die europäische Energieversorgung angesprochen.

Das mittlerweile auf den Weg gebrachte neue Ökostromgesetz und der Abbau der Warteliste in den Bereichen Wind und Fotovoltaik wurden als Schlüssel zu einem Ausbau Erneuerbarer Energie um mindestens weitere 35 PJ bis zum Jahr 2020 angesehen und hätten damit wesentlich zur Erreichung oder sogar Übererfüllung des 34 %-Ziels beitragen sollen. Insgesamt wurde ein Szenario skizziert, nach dem der bis 2020 um 200 PJ steigende Energiebedarf durch Effizienzsteigerungen wettgemacht werden sollte (Stabilisierungsziel: Endenergieverbrauch 1.100 PJ), bei gleichzeitiger Erhöhung des Anteils Erneuerbarer auf 34 % (ca. 300 PJ).

Das „1.100 PJ-Ziel" sollte noch lange in Diskussion bleiben. Die erste Evaluierung der Energiestrategie Österreichs 2010 zwei Jahre später sprach von der Umsetzung von „nahezu der Hälfte der ausgewiesenen Maßnahmen". Die Energiestrategie wurde nie im Parlament beschlossen und dennoch: Die jüngste verfügbare Energiebilanz Österreichs (2018 endgültig) weist einen Endenergieverbrauch von 1.126 PJ und einen Anteil erneuerbarer Energien von 33,4 % aus.

Insgesamt war nach der Überwindung der Asienkrise um 2000 die Weltwirtschaft wieder am Wachsen und stieg damit auch der Ölbedarf, durch den strengen Winter 2001/2002 wurde der Anstieg noch verstärkt. Dennoch waren die Auswirkungen weitaus geringer als in den 1970er Jahren. Die kurzfristige Erhöhung der Erdölfördermenge verhinderte eine Ölpreiskrise, kaufkraftkorrigiert war der Ölpreis um 1900 höher als der im Jahr 2000. Nach der Phase niedrigerer Preise stieg der Ölpreis für die Marke Brent 2004 zeitweise bis auf 53 US$. Verheerend war schließlich im Jahr 2005 der Hurrikan Katrina, ganz besonders für die Stadt New Orleans, und er wirkte sich auch negativ auf die Ölförderung im Golf von Mexiko und die Raffination in den USA aus, der Rohölpreis stieg auf 70 US$ pro Barrel.

2.7   Die Kommission der Europäischen Union wird aktiv

Hatten sich die Kommission der Europäischen Union und die relevanten politischen Gremien vor dem Eintritt Österreichs in die EU vorrangig mit dem Energie-Binnenmarkt beschäftigt, so kam 2002 die erste einer Reihe von energierelevanten Richtlinien zur Wirkung: die Richtlinie 2002/91/EG über die Gesamtenergieeffizienz von Gebäuden, mit der integrative Regeln zur (energetischen) Beurteilung von Gebäuden und die Festlegung von Grenzwerten für deren Energiebedarf eingeführt wurden – sichtbarer Ausdruck: der Energieausweis. Seine Genese innerhalb von Österreich war aufgrund der zunächst unterschiedlichen Auffassungen der Bundesländer nicht friktionslos, führte aber letztlich zu einem weitestgehend harmonisierten Energieausweis. Die Harmonisierung auf europäischer Ebene sollte bis dato nicht gelingen, auch wenn festgehalten werden kann, dass die nachfolgenden Umsetzungsvarianten der EU-Staaten zunehmend konvergierten.

Letzteres gilt auch für die nächsten beiden Richtlinien: Die Richtlinie 2003/30/EG zur Förderung der Verwendung von Biokraftstoffen oder anderen erneuerbaren Kraftstoffen im Verkehrssektor – zunächst auf dieses Thema fokussiert, in der nächsten Version aber allgemeiner auf die verstärkte Verwendung erneuerbarer Energien ausgerichtet. Und die Richtlinie 2006/32/EG über Endenergieeffizienz und Energie-dienstleistungen ging davon aus, dass im Bereich von Gewerbe und Industrie große Potenziale schlummern müssten und „eine verbesserte Endenergieeffizienz auch zur Senkung des Primärenergieverbrauchs, zur Verringerung des Ausstoßes von CO_2 und anderen Treibhausgasen und somit zur Verhütung eines gefährlichen Klimawandels beitragen" müsste.

2.8   Die 20/20/20-Ziele (2008)

Ende 2008 einigten sich die Staaten der Europäischen Union auf ein Richtlinien- und Zielpaket für Klimaschutz und Energie – oft als „20-20-20-Ziele" bezeichnet – mit ambitionierten Zielvorgaben bis 2020:

- 20 % weniger Treibhausgasemissionen als 1990
- 20 % Anteil an erneuerbaren Energien
- 20 % mehr Energieeffizienz

Alle Mitgliedstaaten sollten mit differenzierten nationalen, im Rahmen eines „Burden Sharing"-Prozesses ermittelten Zielen beitragen (Anteil an erneuerbaren Energien für Österreich: 34 %). Dabei unterliegen alle Länder dem EU-weiten Emissions-handelssystem, demzufolge Großemittenten wie Kraftwerke und Industrieanlagen im Jahr 2020 nur mehr um 21 % weniger Emissionsrechte bekommen sollten als 2005. Österreich wurde dazu verpflichtet, die restlichen Emissionen bis zum Jahr 2020 um 16 % gegenüber dem Jahr 2005 zu reduzieren. Dieser Zielwert bezieht sich auf alle nicht vom EU-Emissionshandelssystem entsprechend der RL 2003/87/EG erfassten Emittenten, somit insbesondere die Sektoren Verkehr, Gebäude sowie kleine und mittlere Unternehmen.

Das Emissionshandelssystem wurde ab 2013 auf weitere Sektoren ausgedehnt und insofern verschärft, als die Emissionsrechte künftig großteils versteigert und nicht mehr wie davor gratis verteilt werden durften.

2009 wurde dem Energiebereich im Vertrag von Lissabon ein eigener Abschnitt gewidmet und ihm damit jene eigene Rechtsgrundlage gegeben, die in der Vergan-genheit gefehlt hatte (Artikel 194 des Vertrags über die Funktionsweise der Europäi-schen Union).

Strategie für die Energieunion 2015

Die drei oben explizit angeführten Richtlinien (und auch einige weitere, für den Energieeinsatz relevante wie z.B. die zur Produktkennzeichnung) wurden in der Fol-ge laufend evaluiert und mehrmals angepasst, die aktuellen Fassungen sind in der 2015 deklarierten „Strategie für die Energieunion" („Rahmenstrategie für eine kri-senfeste Energieunion mit einer zukunftsorientierten Klimaschutzstrategie") subsu-miert. Durch die Veröffentlichung dieser Strategie sollte ein neuer Impuls entstehen, den Übergang zu einer CO_2-armen, sicheren und wettbewerbsfähigen Wirtschaft zu vollziehen.

Ziel der Energieunion ist es, alle Verbraucher – dh Haushalte und Unternehmen – in der Europäischen Union mit sicherer, nachhaltiger, wettbewerbsorientierter und erschwinglicher Energie zu versorgen. Die Energieunion hat die Aufgabe,

- die Energieversorgungssicherheit in der Union zu gewährleisten;
- das Funktionieren des Energiebinnenmarkts und den Verbund der Energienetze sicherzustellen;
- Energieeffizienz und Energieeinsparungen zu fördern;
- die Wirtschaft zu dekarbonisieren und auf eine emissionsarme Wirtschaft im Einklang mit dem Übereinkommen von Paris hinzuarbeiten; die Entwicklung neuer und erneuerbarer Energieformen zu fördern, um die Klimaschutzziele besser an den neu gestalteten Markt anzupassen und sie darin besser zu integrieren, und
- Forschung, Innovation und Wettbewerbsfähigkeit zu fördern.

Um die Umsetzung der Maßnahmen zu unterstützen und die Ziele erreichen zu können bestehen zahlreiche Instrumente der Förderung und Finanzierung von Aktionen, Projekten und Produkten, und Österreich und die Steiermark konnten in verschiedensten Bereichen davon profitieren. Für die Umsetzung der drei angeführten Richtlinien wurden „Concerted Actions" eingeführt; umfassende Plattformen zum Informationsaustausch und zur Zusammenarbeit zwischen Experten der Mitgliedsstaaten und der Kommission.

2.9 Steiermark: Energiestrategie 2025

Die Steiermark war und ist mit einem vergleichsweise hohen Anteil an Industrie strukturell in einer schwierigeren Lage als einige andere Bundesländer. Ein Blick auf die Verteilung des Energieeinsatzes auf die einzelnen Wirtschaftssektoren zeigt, dass im Jahr 2018 mit einem Anteil von 39 % und einem Zuwachs gegenüber 2017 von 3,9 % der produzierende Bereich – welcher auch die energieintensive Industrie beinhaltet – eine bedeutende Rolle hatte (die größten Energieverbrauchssteigerungen sind dabei im Fahrzeugbau (+13 %), der Baubranche (+12 %) sowie in der Papierindustrie (+12 %) zu verzeichnen).

Der Einfluss der Landespolitik und -verwaltung auf den produzierenden Bereich ist natürlich enden wollend, insbesondere was die Effizienzverbesserung betrifft. Man hatte sich in diesem Bereich deshalb über viele Jahre mit diversen Beratungsaktionen, speziellen Branchenkonzepten und Förderungen beholfen und die Energiestrategien des Landes Steiermark spiegeln diese Situation wider. Die wirksamsten Einflussmöglichkeiten sind grundsätzlich beim Bauen – über gesetzliche Vorgaben und Förderungen – gegeben, ein wirksamer, bislang aber nur mäßig genutzter Hebel wäre die Raumordnung, über Vorgaben und Förderungen erneuerbarer Energien und im Bereich der Bildung oder Bewusstseinsbildung ganz allgemein. Zur Raumordnung: Da ist z.B. der Supermarkt am Ortsrand – notfalls auch nachträglich legalisiert – immer noch Standard. Und mit ihm ein erheblich verstärktes Aufkommen an Individualverkehr.

Im Bereich Mobilität kann vor allem durch den Ausbau des Bahnnetzes und das Angebot an öffentlichem Verkehr sowie über Förderungen z.B. von elektrisch betriebenen Fahrzeugen positiv eingegriffen werden. In einem bestimmten Rahmen kann das Land auch noch als Eigentümer seines Energieversorgers Vorgaben im Sinne einer zukunftsorientierten Energiepolitik machen, solange dies nicht langfristig negative Auswirkungen auf dessen Geschäftsfelder hat. Nicht zuletzt hat das Land Steuerungsmöglichkeiten im eigenen Wirkungsbereich in der Hand, so wurde beispielsweise der Ausstieg aus dem Öl als Wärmequelle schon früh begonnen und weitestgehend abgeschlossen.

In der Energiestrategie 2025 wurden demnach fünf Maßnahmenbereiche definiert:

- Energieeffizienz und Energiesparen
- Erneuerbare Energien
- Fernwärme und Kraft-Wärme-Kälte-Kopplung
- Energieinfrastruktur, Raumordnung und Mobilität
- Forschung und Bildung, Energieberatung

In jedem dieser Bereiche gibt es eine Reihe von Maßnahmen, im Detail soweit möglich auch mit Kosten insgesamt und für das Land Steiermark, Beschäftigungseffekt, Energieeinsparungsvolumen und erwarteter CO_2-Verminderung ausgewiesen. Die insgesamt 99 Maßnahmen wurden in einer sehr engen und guten Zusammenarbeit mit den Sozialpartnern und wichtigen Energieversorgern und unter Kooperation der Abteilungen des Landes, für welche die jeweiligen Maßnahmen relevant waren, festgelegt.

Besonders kritische Bereiche wie der Ausbau der Wasserkraft und der Windenergie bedurften einer sehr sorgfältigen Interessensabstimmung mit Menschen und Institutionen, für die nicht Energie und Klima im Vordergrund standen, sondern der Einfluss auf viele unterschiedliche Bereiche der Umwelt. Parallel zur Ausarbeitung der Energiestrategie 2025 wurden deshalb – abgesehen von der Einbindung zahlreicher Organisationen – einige Studien erarbeitet und deren Ergebnisse implementiert, im Falle der Windnutzung sogar als Verordnung von Eignungszonen (Verordnung zum Sachprogramm Wind 2013; Novelle 2019).

Kaum verändert wurde das schon in der Energiestrategie 2005–2015 des Landes Steiermark formulierte und in der Zwischenzeit auch via Europäische Union vorgesehene Ziel für Erneuerbare – von 33 auf 34 %. Im Übrigen mit folgendem Zusatz: „Die in der Europäischen Union und in Österreich wie auch in der Steiermark gesteckten Ziele betreffend hoher Anteile an erneuerbarer Energie (34 % bis 2020) sind nur dann erreichbar, wenn der Energiebedarf insgesamt nicht weiter wächst, sondern reduziert wird". Wie wir heute wissen, ist der Energiebedarf bedauerlicherweise gewachsen.

Vom Energieplan 1984 an war Solarenergie immer im Fokus gewesen und (wie auch der Ausbau der Biomasse-Nah-/Fernwärme) wohl auch international ein Vorzeigemodell. Prognosen zur Weiterentwicklung waren deshalb auch sehr positiv. Im Jahr 2000 versorgte die Sonne bereits mit rund 280.000 m² thermischen Solaranlagen steirische Haushalte, 2010 waren es rund 613.000 m². Hatte Fotovoltaik anfangs – weil sehr teuer – keine sichtbare Rolle in der Energieversorgung gespielt, so führte der ständige Preisverfall nach 2010 dazu, dass immer mehr an Solarenergie Interessierte PV-Anlagen installierten, durchaus auch für die Warmwasserbereitung – exergetisch nicht sinnvoll, aber zunehmend wirtschaftlich vertretbar. Von Seiten des Landes (und teilweise auch des Bundes) wurde versucht, mit durchaus attraktiven Förderanreizen zum Beispiel für thermische Gemeinschaftsanlagen und Großanlagen gegenzusteuern, doch die dynamische Entwicklung bis in das erste Jahrzehnt des 21. Jahrhunderts war gebrochen. Solarenergie ja, aber nicht thermisch!

2.10 Europäische Union: von 20/20/20 zu 40/32/32,5

Anfang 2014 gab die EU-Kommission ihre energie- und klimapolitischen Ziele für 2030 bekannt. Demnach wurden bis zum Jahr 2030 eine Verringerung der CO_2-Emissionen um 40 % und ein Ziel von 27 % für den Anteil der Erneuerbaren Energien am Bruttoendenergieverbrauch der EU angestrebt. Für die Erhöhung der Energieeffizienz wurde ein 27 %-Ziel veranschlagt (das sehr umstritten war).

Mit Ende 2016 wurde auf europäischer Ebene ein neues Maßnahmenpaket, das sogenannte „EU-Winterpaket", zur Überarbeitung der strategischen Ausrichtung im Energiesektor vorgestellt, in dessen Rahmen vor allem die Themen Energieeffizienz, Erneuerbare Energie, Gebäude und der Elektrizitätsmarkt als Schwerpunkte genannt und entsprechende Adaptierungen der relevanten Richtlinien vorgeschlagen wurden. Daraus resultierten intensive Verhandlungen, deren Ergebnis erst 2018 vorlag: Die Formel für 2030 lautet nun 40/32/32,5, wobei es den Mitgliedstaaten ermöglicht wurde, neben der Mitteilung des Primär- und Endenergieverbrauches das Energieeffizienzziel als eine relative Einsparung basierend auf dem Bruttoinlandsprodukt – real zu Preisen 2015 – zu definieren.

Die unter „Die Kommission der Europäischen Union wird aktiv" angeführten EU-Richtlinien wurden – teilweise mehrmals – novelliert: 2010 und 2018 die Richtlinie über die Gesamtenergieeffizienz von Gebäuden (2010/31/EU; 2018/844, löst teilweise auch die Energieeffizienz-Richtlinie von 2012 ab), 2012 und 2018 die Energieeffizienz-Richtlinie (2012/27/EU und 2018/2002, als Teil des „Clean energy for all Europeans package" mit der Vorgabe 32,5 %). Die Richtlinien folgen einem Prinzip, das mit jeder Novelle eine noch stringentere, unter den Mitgliedsstaaten weiter harmonisierte und ambitioniertere Umsetzung fordert.

An dieser Stelle sei angemerkt, dass es eine Reihe anderer rechtlicher Vorgaben (Richtlinien, die in nationale gesetzliche Vorgaben einfließen und einen gewissen Spielraum lassen und direkt umzusetzende Verordnungen) gibt, die großen Einfluss auf die Energiewirtschaft und damit auf energie- und klimapolitische Prozesse haben wie Regeln für die Transeuropäischen Netze, im Verkehrsbereich, bei Fragen der Versorgungssicherheit oder in der (Energie- und Klima-) Forschung.

2.11 Österreich: #mission2030

„Österreich bekennt sich zu den internationalen Klimazielen und zu einer aktiven Klimaschutz- und Energiepolitik. Die Klima- und Energiestrategie ist dabei als Beginn eines langfristigen Prozesses zu verstehen. Sie setzt den Startschuss für eine konsequente Weiterentwicklung durch Neuorientierung der künftigen Klima-, Energie- und Mobilitätspolitik", ist auf der Homepage des Bundesministeriums für Landwirtschaft, Regionen und Tourismus zu lesen.

Hatten Österreichs Klima- und Energieziele bis 2020 noch

- Verringerung der Treibhausgasemissionen um 16 % gegenüber dem Stand von 2005 im Nicht-Emissionshandelsbereich;
- Begrenzung des Endenergiebedarfs auf 1.050 PJ und
- Deckung des Gesamtenergieverbrauchs zu mindestens 34 % aus Erneuerbaren

gelautet, so wurden sie 2018 – auch als Reaktion auf die Vorgaben der Europäischen Union – in der „#mission2030" teilweise angepasst: 36 % weniger Treibhausgase. Hinsichtlich der zu verbessernden Energieeffizienz sieht man in der langfristigen Betrachtung, dass das reale Bruttoinlandsprodukt in Österreich zwischen 1973 und 2018 um 158,6 % gewachsen war und der Bruttoinlandsverbrauch des Jahres 2018 um 54,9 % über dem Niveau des Jahres 1973 lag. Damit hatte sich die Energieintensität bzw. der relative Energieverbrauch um 40 % – also um weit mehr als ein Drittel – verringert. Der Anteil erneuerbarer Energien lag 2018 bei 33,4 % und damit am Zielpfad.

Da die dafür verantwortliche Regierung Kurz I (ÖVP/FPÖ) nur von kurzer Dauer war ist allerdings fraglich, ob der ursprünglich noch in dieser Periode erarbeitete und in der jüngsten Fassung von der Regierung Kurz II (ÖVP/Grüne) Ende 2019 nach Brüssel geschickte „Integrierte nationale Energie- und Klimaplan für Österreich" unverändert bleibt – auf die erste Fassung gab es seitens vieler Umweltschutzverbände und Experten harsche Kritik („Der Klima-Fortschrittsbericht zeigt den Stillstand in der österreichischen Klimapolitik deutlich", formuliert z.B. Global 2000 unter Hinweis auf die Überschreitung der gesetzlich vorgegebenen Höchstmengen) und auch von der EU-Kommission kritische Anmerkungen. Im Vorfeld der Arbeiten zur verbesserten Version wurde jedenfalls von einem wissenschaftlichen Konsortium (bestehend aus Umweltbundesamt (UBA), österreichischer Energieagentur (AEA), Instituten der TU Wien und der TU Graz sowie dem WIFO) eine Wirkungsfolgenabschätzung durchgeführt, der Investitionsbedarf ermittelt und die Rückmeldung der Europäischen Kommission eingearbeitet. Diese führte zu einer Reihe von Optionen (unter anderem wurde die Ökologisierung des Steuer-, Anreiz- und Abgabensystems angeführt), die letztlich zur Zielerreichung führen sollten.

2.12   Steiermark: Klima- und Energie- strategie 2030

Die Steiermärkische Landesregierung hatte seit dem „Energieplan 1984" zahlreiche Maßnahmen gesetzt, um den Energiebedarf zu reduzieren und den Anteil Erneuerbarer zu erhöhen – zunächst immer unter energiepolitischen Aspekten. Beide Maßnahmenbereiche sind natürlich gleichermaßen zur Reduktion von Treibhausgasen geeignet, aber die zunehmende Diskussion um die Klimaveränderung führte zu neuen, weiteren Maßnahmen auch außerhalb des Energieeinsatzes und zu zunächst eigenständigen Konzepten und Strategien im Bund und in den Bundesländern. Es lag aber auf der Hand, dass es sinnvoll wäre, die Bereiche Energie und Klima zusammenzuführen und deshalb kam es allerorts zu Klima- und Energie-Konzepten und -Strategien, auch in der Steiermark.

Die Klima- und Energiestrategie 2030, im Jänner 2018 im Landtag beschlossen, fasste dann auch alle vorher in den getrennten Strategien für Energie und Klima beschlossenen Maßnahmen zusammen, ergänzte sie um weitere und strukturierte die Maßnahmenbereiche neu. Zu den Schwerpunkten und Maßnahmenbündeln in den 8 Bereichen (A = Abfall- und Ressourcenwirtschaft; B = Bildung und Lebensstil; E = Energieaufbringung und Verteilung; G = Gebäude und Siedlungsstrukturen; L = Land- und Forstwirtschaft; M = Mobilität; V = Vorbildbereich Öffentlicher Bereich; W = Wirtschaft und Innovation) kamen die Leitziele

- Senkung der Treibhausgasemissionen um 36 %,
- Steigerung der Energieeffizienz um 30 % und
- Anhebung des Anteils an Erneuerbaren auf 40 %
- Leistbare Energie und Versorgungssicherheit

und die Vision für 2050: „Die Steiermark ist klimaneutral und energiegesichert."

Unterstützt wird die Klima- und Energiestrategie unter anderem durch die „Ich tu's"-Initiative des Landes Steiermark, die umfangreiche Aktionen und Informationen zu den Themen Energie und Klimaschutz und von der Energieberatung bis hin zu Informationsbroschüren zahlreiche Hilfestellungen bietet. Beschlossen wurde auch, dass in regelmäßigen Abständen „Aktionspläne" konkrete Maßnahmen vorgeben sollten; der erste Aktionsplan (2019–2021) wurde Mitte 2019 vorgestellt und enthält 109 Maßnahmen, die sukzessive umgesetzt werden sollen – alle, denn nur dann sollten die angestrebten Ziele erreichbar sein.

Das Umweltbundesamt machte im Zuge der Erarbeitung der Strategie Prognosen ua. zur Entwicklung des Energiebedarfs insgesamt und des Anteils erneuerbarer Energien, wobei im WEM-Szenario (with existing measures) der Energiebedarf von etwas unter 180 PJ (2015) auf über 200 PJ im Jahr 2030 steigen würde (lt Statistik Austria 2018: 187,9 PJ) und der Anteil Erneuerbarer zwar vorübergehend steigen, nach 2020 aber wieder leicht sinken würde (lt. Statistik Austria von 2016 bis 2018 jeweils 29,8 %). Jedenfalls ein klares Signal, dass die Erreichung der für 2030 gesteckten

Ziele nicht nur der vollständigen Umsetzung der 109 im Aktionsplan genannten, sondern noch zusätzlicher Maßnahmen bedarf.

2.13   Clean Energy for all Europeans Package/ governance process

Im Jahr 2019 vollendete die Europäische Union einen umfassenden Rahmen ihrer Energiepolitik, um den Übergang von fossilen Energien zu sauberer Energie und die Umsetzung der im (2016 in Kraft getretenen) Übereinkommen von Paris vereinbarten Vorgaben zum Klimaschutz (die Erderwärmung soll unter 2°C, nach Möglichkeit sogar unter 1,5°C bleiben) zu ermöglichen. Dieser Rahmen – „Clean Energy for all Europeans" – stellte einen signifikanten Schritt zur Verwirklichung der unter Kommissionspräsident Juncker 2015 eingeleiteten Strategie zur Energie-Union (COM/2015/080) dar. Die Energie-Union mit ihren fünf Dimensionen –

1 Versorgungssicherheit, Solidarität und Vertrauen;

2 vollständig integrierter Energiemarkt;

3 Energieeffizienz;

4 Dekarbonisierung der Wirtschaft;

5 Forschung, Innovation und Wettbewerbsfähigkeit

– sollte EU-Konsumenten – Haushalten wie Wirtschaft – eine sichere, nachhaltige, wettbewerbsfähige und leistbare Energieversorgung sichern.

Das Package enthält ein „robustes" „Governance System" für die Energie-Union, in dessen Rahmen jeder Mitgliedsstaat einen integrierten 10 Jahres-Energie- und Klimaplan (national energy and climate plans = NECP) für die Periode von 2021 bis 2030 erstellen muss, basierend auf einer gemeinsamen Struktur. Der NECP muss auch einen langfristigen Ausblick auf 2050 enthalten und die Mitgliedsstaaten wurden darüber hinaus verpflichtet, in vorgegebenen Abständen diverse Fortschrittsberichte an die EU-Kommission zu liefern. Die „Regulation on the Governance of the Energy Union and Climate Action (EU) 2018/1999" ist seit Dezember 2018 in Kraft. Die Kommission sieht das „Governance System" als besonders wichtigen Schritt zu Implementierung der Energie Union an.

2.14   A European Green Deal – bis Corona?

„Der Europäische Grüne Deal legt dar, wie Europa bis 2050 zum ersten klimaneutralen Kontinent gemacht werden kann, indem die Konjunktur angekurbelt, die Gesundheit und die Lebensqualität der Menschen verbessert, die Natur geschützt wird."

Die jüngste EU-Kommission unter der Präsidentin von der Leyen (seit 1.12.2019) erklärte den europäischen Green Deal zur neuen Wachstumsstrategie, die zu Gesundheit und Wohlergehen der EU-Bürger beitragen sollte, indem das bisherige

Wirtschaftsmodell von Grund auf verändert würde. In diesem Plan wird dargelegt, wie Emissionen verringert, Umwelt und Natur wiederhergestellt, Wildtiere und -pflanzen geschützt und neue wirtschaftliche Chancen geschaffen werden können, sodass auch die Lebensqualität der Bürger verbessert werden kann.

Der Green Deal konnte Ende 2019 von einer soliden wirtschaftlichen und politischen Ausgangsposition gestartet werden. So etwas wie die Auswirkung der Ölkrise der 70er Jahre auf die Weltwirtschaft hatte es nicht mehr gegeben, obwohl der Ölpreis der Marke Brent – vor allem wegen der Proteste in der arabischen Welt 2010 und 2011 – im Jahr 2011 kurzfristig auf über 120 US$ gestiegen war. Weitaus gravierender war die Wirtschaftskrise der Jahre 2008/2009: Die jahrelang steigenden Immobilienpreise in den USA hatten sich zu einer Immobilienblase entwickelt, die zur Insolvenz der US-Investmentbank Lehman Brothers führte, die dann eine Lawine von weiteren Insolvenzen auslöste. Das führte wiederum fast überall auf der Welt zu einem deutlich abgeschwächten Wirtschaftswachstum oder sogar zur Rezession. Die Krise wirkte sich auch auf den Nicht-Finanzbereich aus und es kam zu einer deutlichen Reduktion des Welthandels. Doch auch diese Phase konnte die Weltwirtschaft hinter sich lassen und das letzte Jahrzehnt war durch ein kontinuierliches Wachstum geprägt.

Bis Anfang 2020 ein Virus namens SARS-CoV-2, „Corona-Virus", kam und mit dem lock down in den meisten Staaten der Erde die Weltwirtschaft beinahe zum Stillstand brachte. Am 4.3.2020 legte die EU-Kommission noch einen Vorschlag vor, um die politische Zusage, bis 2050 klimaneutral zu werden, rechtlich zu verankern. Mit dem „Europäischen Klimagesetz" sollte 2050 als Ziel gesetzt und der Kurs für die gesamte EU-Politik festgelegt werden. Außerdem sollte das Klimagesetz Behörden, Unternehmen und Bürgern die nötige Planungssicherheit geben. Gleichzeitig startete die Kommission eine Konsultation zum geplanten Europäischen Klimapakt, um die Öffentlichkeit an der Konzeption dieses Instruments zu beteiligen. Dieser Konsultationsprozess endete am 17.6.2020.

Zur Verwirklichung der Ziele des europäischen Green Deal müssten – Schätzungen zufolge – jährlich 260 Mrd Euro zusätzlich investiert werden, das entspricht ca. 1,5 % des BIP von 2018. Dafür müssen sowohl der öffentliche als auch der private Sektor mobilisiert werden. Die Kommission wollte einen Investitionsplan für ein nachhaltiges Europa vorlegen, wobei mindestens 25 % des langfristigen EU-Haushalts für den Klimaschutz aufgewendet werden sollten.

Die Verhandlungen um ein Budget zur Rettung der von der Corona-Pandemie besonders beeinträchtigten Staatshaushalte haben diesem Vorhaben wohl Schranken gesetzt. Am 22.7.2020 wurde nach tage- (und nächte-)langem Ringen das Finanzpaket dazu vom Rat beschlossen. Die 4 „Sparsamen" oder „Geizigen" – je nachdem, aus welcher Perspektive man das sehen will – hatten sich (unter Beteiligung von Kanzler Kurz) durchgesetzt, bedauerlicherweise zu Lasten des Klimaschutzes und der Forschung. Das Europäische Parlament reklamierte zunächst zwar die Streichung der Gelder für Klimaschutz und Forschung, eine Einigung von Rat und Parlament steht (Stand Mitte September) noch aus.

2.15   Energie- und Klimastrategie 2050?

Ende 2018 hatte die EU-Kommission ihre „langfristige strategische Vision für eine wohlhabende, moderne, wettbewerbsfähige und klimaneutrale Wirtschaft" für 2050 vorgelegt, die mit technologischen Lösungen, der Eigenverantwortung der europäischen Bürger und in den Bereichen Industrie, Finanz und Forschung abgestimmten Maßnahmen erreicht werden sollte – ein klimaneutrales Europa bis zum Jahr 2050. Auch Österreich und die Bundesländer stehen hinter dieser Zielsetzung (Steiermark, Vision für 2050: „Die Steiermark ist klimaneutral und energiegesichert.").

Das Jahr 2020 hatte mit den Folgen der COVID-19-Pandemie zunächst wegen der ungeheuren finanziellen Belastung der Europäischen Union zur Rettung der Wirtschaft und damit auch des Lebensstandards alle Bemühungen zum Klimaschutz infrage gestellt. Dennoch wurde in Verhandlungen zwischen Kommission, Parlament und Rat zu einem Finanzpaket in noch nie dagewesener Größe die Wichtigkeit des Klimaschutzes herausgestrichen. Zum Zeitpunkt dieses Beitrages war allerdings noch kein endgültiger Beschluss absehbar, da sich Ungarn und Polen – aus Gründen, die mit Klimaschutz nichts zu tun haben – gegen das Finanzpaket stellten. Es bleibt dennoch zu hoffen, dass dem Klimaschutz letztlich doch der ihm gebührende Stellenwert zugestanden wird.

Quellenverzeichnis

Bilan énergétique 2018 – Commissariat général au développement durable; www.quelleenergie.fr.

Danish Energy Agency: Data, tables, statistics and maps; Energy Statistics 2018.

Steiermark: Energie- und Rohstoffplan 1984.

Umweltförderung im Inland; https://www.bmlrt.gv.at/umwelt/klimaschutz/ufi/ufi.html.

EnergieAgentur Steiermark; https://www.ea-stmk.at/.

Arbeitsgemeinschaft Erneuerbare Energie; https://www.aee.at/.

Statistik Austria; https://www.statistik.at/.

Steiermark: Energiebericht 2019; https://www.technik.steiermark.at/.

Steiermark: Energiestrategie 2025; https://www.technik.steiermark.at/.

Steiermark: Verordnung zum Sachprogramm Wind 2013/2019 https://www.landesentwicklung.steiermark.at/cms/beitrag/12755541/154267170/.

Steiermark: Klima- und Energiestrategie 2030; https://www.technik.steiermark.at/.

Aktionsplan 2019–2021 für die Klima- und Energiestrategie 2030: 109 konkrete Maßnahmen für die Steiermark; https://www.ich-tus.steiermark.at/cms/beitrag/12745272/72442079/.

Energie Union/Governance Prozess; https://ec.europa.eu/energy/topics/energy-strategy/energy-union_en#regulation-on-the-governance-of-the-energy-union-and-climate-action.

Übersicht final NECPs 13. Juni 2020; https://ec.europa.eu/energy/topics/energy-strategy/national-energy-climate-plans_en.

A European Green Deal; https://ec.europa.eu/commission/presscorner/detail/de/IP_19_6691.

Kapitel 3

Klimawandel – Neuvermessung von Land und Gesellschaft

Ao.Univ.-Prof.i.R. Dipl.-Ing. Dr.techn. Michael Narodoslawsky,
Professor i.R. für Verfahrenstechnik an der TU Graz mit dem Schwerpunkt der ökologischen Prozessbewertungen (z.B. Life Cycle Assessments)

3.1   Klimaschutz bedingt Ressourcenwandel

Klimaschutz ist heute in der Mitte des politischen Diskurses angekommen. Die „Fridays for Future"-Bewegung galvanisiert die Generation der Schüler und Studenten zu politischem Handeln und hat Wahlen beeinflusst[11]. Es gilt als common sense, dass, um eine Klimakatastrophe abzuwenden, der Ausstoß an Treibhausgasen radikal verringert werden muss. Flankierend dazu muss auch die Bindung von Kohlenstoff aus der Atmosphäre in Ökosysteme vergrößert werden. Dazu muss der bisherige Humusraubbau gestoppt[12] und – ebenso notwendig – der Wasserhaushalt des Bodens verbessert werden[13].

Die notwendige Reduktion des Ausstoßes von Treibhausgasen in die Atmosphäre kann nur durch einen ebenso weitgehenden Verzicht auf fossile Ressourcen oder durch radikale und globale Anwendung von Technologien zur Kohlenstoffbindung (Carbon Capture and Sequestration – CCS) erreicht werden. In jedem Fall bedeutet dies eine tiefgreifende und umfassende Veränderung unserer Wirtschaft. Der vorliegende Abschnitt erklärt, was daraus folgt, wenn wir auf fossile Ressourcen verzichten.

Fossile Ressourcen stellen derzeit das Ressourcen-Rückgrat der globalen Wirtschaft dar. Über 80 % der weltweit bereitgestellten Energie kommen aus fossilen Quellen (IEA, 2019), im Verkehrssektor sind es sogar über 92 % (IFPEN, 2019). Dazu kommen noch petrochemische Produkte wie Kunststoffe, Schmiermittel und Asphalt. Obwohl diese Menge im Vergleich zum Verbrauch an fossilen Energieträgern klein ist (etwa 6 % des Erdölverbrauchs oder rund 3 % des gesamten Verbrauchs an fossilen Ressourcen) (BP, 2020), so sind diese Produkte trotzdem wegen ihrer Funktionalität für viele Bereiche von großer Bedeutung. Sie stellen auch einen wesentlichen wirtschaftlichen Faktor insbesondere der Erdölnutzung dar, da sie derzeit ein hochwertiges Nebenprodukt der Treibstoffproduktion sind. Ein Verzicht auf fossile Ressourcen würde also die Energiewirtschaft zu massiven Änderungen zwingen und auch in vielen Bereichen der Materialwirtschaft Innovationen erfordern.

---

[11] Narodoslawsky, B., 2020.
[12] Raggam, 2019.
[13] Montgomery, 2008.

Ein Verzicht auf fossile Ressourcen kann durch Kombination zweier Strategien erreicht werden, nämlich einerseits die Ressourceneffizienz zu steigern und andererseits eine neue Ressourcenbasis zu finden. Beide Strategien haben Folgen, die weit über einen reinen Technologiewandel hinausweisen. Beide Strategien verstärken sich gegenseitig in ihrer Wirkung und führen zu einer tiefgreifenden Neustrukturierung von Technik, Wirtschaft und Gesellschaft.

3.2 Alternative Ressourcen verstehen

Eine wesentliche Basis für die Abschätzung des technologischen, wirtschaftlichen und gesellschaftlichen Wandels, der mit einem weitgehenden Verzicht auf fossile Ressourcen einhergehen wird, ist die Analyse der Eigenschaften alternativer Ressourcensysteme. Der Fokus in diesem Kapitel liegt dabei auf erneuerbaren Ressourcen. Mit diesem Begriff sollen alle jene Ressourcen umschrieben werden, die als Folge solarer Strahlung entstehen. Natürlich werden auch andere Umweltressourcen, etwa geothermische Energie aus großen Tiefen oder Gezeitenenergie Teil eines nicht-fossilen Ressourcensystems sein. Ihre Anwendung bleibt jedoch auf besondere Gebiete wie zum Beispiel Küsten oder Thermenlinien beschränkt. Zusätzlich zu den erneuerbaren Ressourcen wird in einer fossil-freien Wirtschaft auch auf Sekundärressourcen aus dem Recycling gebrauchter Güter zurückgegriffen. Viele der Folgerungen, die sich aus der Nutzung erneuerbarer Ressourcen ergeben, gelten auch für Sekundärressourcen. Auf diese Ähnlichkeiten wird im Text immer wieder hingewiesen.

Die Eigenschaften unserer Grundressourcen beeinflussen die Struktur unserer Wirtschaft und damit auch die Gesellschaft und Politik. Fossile Ressourcen sind generell nicht-erneuerbar, sie kommen in endlicher Menge auf unserem Planeten vor. Darüber hinaus sind fossile Ressourcen typische Punktressourcen. Das bedeutet, dass sie aus konzentrierten, räumlich eng begrenzten und global nicht gleichverteilten Lagerstätten gewonnen werden. Gleichzeitig haben fossile Ressourcen sehr gute logistische Eigenschaften: Sie sind hochkonzentriert, haben entweder hohe Transportdichten (Kohle, Erdöl) und/oder lassen sich über Leitungssysteme leicht und weit transportieren (Erdöl, Erdgas). Ihre Nutzungskette führt daher von leicht kontrollierbaren, aber oft entlegenen Lagerstätten über störungsanfälligen globalen Transport zu zentraler Aufbereitung/Umwandlung in den Verbraucherländern. Schließlich werden die Produkte (etwa Treibstoffe und petrochemische Produkte) und Dienstleistungen (etwa Strom und Wärme aus Erdgas oder Kohle) zu den (dezentralen) Endkunden verteilt und dort genutzt.

Konkret führen die Eigenschaften fossiler Ressourcen dazu, dass sich große wirtschaftliche/politische Einheiten mit monopolistischer Neigung bilden, die die Lieferketten kontrollieren. Damit entsteht eine weltweite Abhängigkeit von wenigen Lieferländern. Das führt zu einem politischen und wirtschaftlichen Spannungspotenzial, das durch den störungsanfälligen globalen Transport noch weiter zunimmt. Die Monopolisierung spielt auch auf einer anderen Ebene eine entscheidende Rolle, nämlich in der Technik: Fast alle Verarbeiter sind auf den weltweiten Transport der Ressourcen angewiesen, die Logistik und Verarbeitung ist also für alle ähnlich. Das hat wiederum zur Folge, dass sich Technologie standardisiert: Aufbereitungs- und

Umwandlungsanlagen wie etwa Kohlekraftwerke oder Erdöl-Raffinerien sind global standardisierte Megatechnologien.

Im Gegensatz zu den Fossilen sind Erneuerbare grundsätzlich dezentrale, flächengebundene Ressourcen. Das bedeutet: Solare Strahlung kann nicht nur an einzelnen Punkten genützt werden, sondern überall auf der Erde. Und alles, was es dazu braucht, ist Fläche. Solare Strahlung ist damit die dezentralste Ressource überhaupt, um in nutzbare Formen wie Strom, Wärme oder biogene Rohstoffe umgewandelt zu werden. Dieser Flächenbezug führt zu einem spannenden Paradoxon: Es handelt sich um sogenannte „begrenzt-unendliche" Ressourcen: Da die (Ober-)Fläche unseres Planeten begrenzt ist, steht uns auch pro Zeit nur eine begrenzte Ressourcenleistung zur Verfügung. Diese begrenzte Ressourcenleistung ist jedoch für faktisch unbegrenzte Zeit nutzbar.

Ein weiterer Gegensatz zwischen erneuerbaren und fossilen Ressourcen ist die Konkurrenz der Nachfrage: Fossile Ressourcen sind hauptsächlich Energieressourcen, stoffliche Produkte wie etwa Kunststoff fallen dabei bei der Umwandlung in Energieträger als Nebenprodukte ab. Die Grundressource Fläche, die alle solarbasierten Produkte und Dienstleistungen hervorbringt, hat hingegen eine Vielzahl an konkurrierenden Funktionen.

Dies gilt insbesondere für den wichtigsten Teil dieser Ressource, nämlich fruchtbaren Boden: Er ist die Grundressource unserer Ernährung, bietet die Grundlage von terrestrischen Ökosystemen und ist damit ein wesentlicher Faktor der Erhaltung der Artenvielfalt. Fruchtbarer Boden wird darüber hinaus auch als Siedlungsraum, für Verkehrs- und andere Infrastrukturen genutzt. Dies macht es notwendig, zusätzliche Produkte und Dienstleistungen, die durch den Ersatz von fossilen Ressourcen erforderlich werden, durch besonders effizientes Management dieser Grundressource bereitzustellen. Mehrfachnutzung von Boden (etwa durch Energiegewinnung auf der Oberfläche von Gebäuden durch PV und Solarthermieanlagen), Nutzungskaskaden (etwa durch die energetische Nutzung von biogenen Reststoffen wie Gülle, aus der in Biogasanlagen Biogas entsteht) und die Nutzung bisher nicht genutzter Ressourcen (etwa von Ernterückständen wie Stroh) sind wesentliche Elemente eines solchen Ressourcenmanagements. Dabei muss immer auch berücksichtigt werden, dass ökologische Rahmenbedingungen eingehalten werden, etwa dass die verstärkte Nutzung von Ernterückständen durch ein kluges Nährstoffmanagement ausgeglichen wird.

Ein dritter wesentlicher Unterschied zwischen fossilen und erneuerbaren, insbesondere biogenen Ressourcen besteht in den logistischen Eigenschaften. Im Gegensatz zu fossilen Ressourcen haben viele erneuerbare Ressourcen geringe Transportdichten, geringe Konzentration von Wertstoffen und oft auch hohe Feuchtegehalte. Damit wird ihr Transport kostspielig und energieintensiv. Transportiert etwa ein Traktor Gülle zu einer 5,6 km entfernten Biogasanlage oder Stroh zu einer 23,5 km entfernten Vergasungsanlage, so verbraucht er etwa 1 % der transportierten Energie. Dies ist derselbe Anteil an transportierter Energie, den ein Öltanker für eine Transportdistanz von 7.800 km benötigt[14].

---

[14] Y. Krozer, M. Narodoslawsky, 2019.

Schließlich besteht ein weiterer logistischer Unterschied in der zeitlichen Verfügbarkeit solarer Ressourcen: Anders als fossile Ressourcen, die kontinuierlich aus ihren Lagerstätten gefördert werden können, fallen solarbasierte Ressourcen zeitlich meist entweder zyklisch (direkte solare Einstrahlung in täglichen Zyklen sowie die meisten Bioressourcen in jahreszeitlichen Zyklen) oder wetterabhängig (Windenergie) an. Um Angebot und Nachfrage in Übereinstimmung zu bringen sind daher weitere logistische Maßnahmen notwendig, etwa Lagerung oder Lieferketten mit unterschiedlicher zeitlicher Charakteristik zu verknüpfen.

3.3 Techno-ökonomische Folgen des Ressourcenwandels

Die Eigenschaften erneuerbarer Ressourcen haben logische Konsequenzen für die technische und logistische Struktur einer klimafreundlichen und nachhaltigen Wirtschaft. Die Nutzung erneuerbarer Ressourcen stellt in drei wesentlichen Bereichen die bisher gültigen Grundsätze auf den Kopf, nach denen unsere Wirtschaft organisiert wird.

3.3.1 Dezentralität und Kleinteiligkeit

Wie bereits dargestellt, baut das fossil-basierte Wirtschaftssystem auf Punktressourcen auf: Alle fossilen Rohstoffe kommen aus einem „Loch", werden in Bergwerken oder auf Bohrfeldern gewonnen. Dies bedeutet, dass der logistische und technische Aufwand zur Sammlung der Ressourcen gering ist. Anders bei erneuerbaren Ressourcen, wobei dies sowohl für solar basierte Ressourcen als auch für Ressourcen aus Recycling gilt: Diese Ressourcen müssen gesammelt werden. Ihre Lieferketten haben damit nicht nur das „last-mile" Verteilungsproblem aller industrieller Produkte, sondern auch ein ausgeprägtes „first mile" Problem der Sammlung. Dieser Sammelvorgang hat für viele erneuerbare und recycelte Ressourcen ähnliche Problemstellungen: Schlechte Transporteigenschaften der Güter, hoher Energieaufwand oder Energieverlust bei der Sammlung, große Anzahl von involvierten Akteuren.

Dieser hohe Sammelaufwand kann minimiert werden, wenn die Ressourcen nahe an ihrem Entstehungsort genutzt oder zumindest aufbereitet werden. Denn damit wird die Transportdistanz des ersten Schrittes der Wertschöpfungskette gering gehalten. Allerdings bedeutet das, dass die Kapazitäten der Nutzungs- oder Aufbereitungstechnologien durch den Ertrag des (relativ kleinen) Einzugsgebietes beschränkt sind. Die bisher gängigen Konzepte der „economy of scale" – also dass größere Anlagen immer auch rentabler sind – werden damit in einem wichtigen Abschnitt der Wertschöpfungskette außer Kraft gesetzt. Es ist also nicht mehr möglich, durch Größe Effizienz zu gewinnen. Technologische Kleinteiligkeit ist in einer nachhaltigen Wirtschaft, die auf erneuerbaren und rezyklierten Ressourcen basiert, kein „grünes Wunschdenken". Sie ist schlicht den Eigenschaften der Ressourcen geschuldet.

3.3.2   Vielfalt und Regionalität

Erneuerbare Ressourcen nutzen Solarenergie direkt (im Falle von PV und Solarthermie) oder indirekt (bodennahe Geothermie, Wasser- und Windkraft sowie alle Bioressourcen – darunter fallen etwa Holz, Feldfrüchte und auch Nebenprodukte aus ihrer Verwertung und Ernterückstände). Das Potenzial der Erneuerbaren ist von lokalen und regionalen natürlichen Faktoren wie Solareinstrahlung, Klima, Topografie und Bodenqualität abhängig. Dies bedeutet, dass das Angebot an erneuerbaren Ressourcen schon aus naturgegebenen Gründen geografisch stark unterschiedlich ist. Zu diesen naturgegebenen räumlichen Unterschieden kommen auch noch wirtschaftliche und kulturelle in der Nutzung erneuerbarer Ressourcen. Das jeweilige Spektrum an nutzbaren erneuerbaren Ressourcen ist daher ein Kennzeichen des jeweiligen Raumes, der jeweiligen Region.

Diese Vielfalt des Ressourcenspektrums ist bei Bioressourcen besonders ausgeprägt. Bereits bisher unterscheiden sich Regionen nicht nur im Angebot an Feldfrüchten, Nutztieren und Forstprodukten voneinander, sondern auch im Ertrag an Bioressourcen pro Hektar und in der Art und Weise der Veredelung der Ressourcen und damit den möglichen marktfähigen Produkten. Will man die standortgegebenen natürlichen Begrenzungen überwinden, so ist dies oft nur mit großem Aufwand an Fremdenergie (etwa in der Form von industriell bereitgestelltem Dünger), Fremdstoffen (etwa Pestiziden), Bewässerung und Reststoffexport (etwa von Gülle aus intensiver Tierhaltung) möglich.

Will man Produkte und Dienstleistungen, die bisher auf fossiler Basis bereitgestellt wurden, in Zukunft aus erneuerbaren Ressourcen decken, so muss das jeweilig spezielle regionale Angebot mit höchster Effizienz genutzt werden. Das hat drei wesentliche Folgen:

- Erstens, man muss sich an die Standort-Gegebenheiten anpassen, damit man (insbesondere fossile) Fremdenergie und Fremdstoffe so gut wie möglich vermeiden kann;
- Zweitens, man muss das gesamte Spektrum des Angebotes an erneuerbaren Ressourcen nutzen, also auch Nebenprodukte und Abfallströme;
- Drittens müssen im Hinblick auf die oft schlechten logistischen Eigenschaften insbesondere von niederwertigeren erneuerbaren Ressourcen (Wärme, Nebenprodukten aus der Land- und Forstwirtschaft, Abfallprodukten) regionale Nutzungsketten und -kaskaden aufgebaut werden.

Genau dieselben drei Folgen zeitigen auch jene Güter, die im Rahmen der Kreislaufwirtschaft wiederverwertet werden sollen: Auch sie zeigen in ihrem Aufkommen raumabhängige Vielfalt (hauptsächlich abhängig von Konsummustern und Bevölkerungsdichte), ihre Nutzung soll so effizient wie möglich gestaltet werden und sie weisen oft erhebliche logistische Nachteile auf, was eine Verarbeitung nah an ihrem Aufkommen vorteilhaft macht. Eine Umstellung von fossilen auf erneuerbare Ressourcen und eine effiziente Kreislaufwirtschaft wirkt sich massiv auf die Struktur technischer und wirtschaftlicher Systeme aus: Vielfalt und Nähe spielen plötzlich eine entscheidende Rolle.

3.3.3   Vernetzung und regionale Kooperation

Zeitlich variierendes Angebot, Komplexität, Vielfalt, und Raumgebundenheit erneuerbarer Ressourcen erfordern eine grundsätzlich andere Architektur der Wertschöpfungsketten als dies für kontinuierlich verfügbare, untereinander sehr ähnliche und aus Punktquellen gewonnene fossile Ressourcen bisher üblich ist. Im Falle der Energiebereitstellung benötigt der diskontinuierliche Anfall der Grundressourcen (solare Einstrahlung, wetterbedingte Luftbewegung, Biomasse) die Vernetzung von Technologien auf der Basis unterschiedlicher Quellen. Vernetzt man PV-Anlagen, die nur tagsüber aktiv sind, mit Windenergieanlagen, die auch und oftmals sogar stärker in der Nacht liefern, so kann man bereits ein Angebotsprofil erreichen, dass der Stromnachfrage besser angepasst ist als wenn man nur eine dieser Technologien verwendet. Um jedoch eine ausreichende Anpassung zu erreichen, muss einerseits auf Technologien auf der Basis materieller Energieträger (Biomasse) und auf Speichertechnologien zurückgegriffen werden. Zeitliche Anpassung des Angebots ist damit nicht mehr eine Regelungsaufgabe, sondern kann nur über Vernetzung unterschiedlicher Technologien erreicht werden.

Ein weiterer Faktor, der zu einer stärkeren Vernetzung von Wertschöpfungsketten erneuerbarer Ressourcen beiträgt, ist deren Komplexität. Bioressourcen, ähnlich wie Güter, die in einer Kreislaufwirtschaft wiederverwertetet werden sollen, bestehen aus vielen unterschiedlichen Inhaltsstoffen. Das Gebot hoher Effizienz der Ressourcennutzung erfordert, dass möglichst alle Komponenten einer Nutzung zugeführt werden. Damit kann jede dieser Ressourcen Ausgangspunkt eines Bündels von Wertschöpfungsketten sein, die unterschiedliche Produkte und Dienstleistungen bereitstellen können. Natürlich sind auch fossile Ressourcen jeweils Ausgangspunkte für unterschiedliche Wertschöpfungsketten. Vor allem Erdöl kann man zu vielen Produkten verarbeiten. Allerdings ist die Vielfalt bei erneuerbaren Ressourcen und rezyklierbaren Reststoffen deutlich höher als bei den untereinander relativ ähnlichen fossilen Rohstoffen. Das heißt, es gibt auch deutlich mehr Wertschöpfungsketten.

Hinzu kommt noch die große Redundanz von erneuerbaren Ressourcen. So kann Wärme auf mehrere Arten bereitgestellt werden. Direkt durch Solarthermie-Anlagen. Durch Wärmepumpen, die mit Strom aus erneuerbaren Quellen Umweltwärme oder bodennahe geothermische Energie zu Nutzwärme aufwerten. Durch den Einsatz einer großen Vielfalt an Bioenergie-Technologien auf unterschiedlicher Rohstoffbasis. Oder durch die thermische Nutzung von Abfällen. Komplexere Produkte wie etwa Bioplaste, also Plastik aus biogenen Rohstoffen, lassen sich wiederum aus Zucker, Stärke oder Zellulose herstellen, die selbst aus einer großen Vielzahl von Pflanzen oder auch anderen biogenen Reststoffen gewonnen werden. Die Vielfalt der möglichen Ressourcen und Nutzungswege führen also bei erneuerbaren Ressourcen damit zu einer weitaus höheren Vielfalt der möglichen Wertschöpfungssysteme.

Neben dieser grundsätzlich höheren Vielfalt an Nutzungspfaden bedingt insbesondere die Nutzung von biogenen und rezyklierbaren Ressourcen eine intrinsische Vernetzung unterschiedlicher Wertschöpfungsketten: Kuppel-, Neben- und Abfallprodukte aus der Nutzung einer Ressource können als Roh- und Hilfsstoffe in anderen

Wertschöpfungsketten verwendet werden. So kann etwa das Kuppelprodukt Wärme aus einer mit Hackschnitzel betriebenen Kraft-Wärme-Kupplung (KWK) zur Trocknung von Getreide verwendet werden, das seinerseits wieder sowohl in die Nahrungsmittelindustrie, oder als Futter in die Landwirtschaft oder als Rohstoff in die Biotechnologie zur Herstellung von Biotreibstoffen oder Bioplasten eingesetzt werden kann. Auch die Asche aus der Verbrennung in der KWK kann in der Landwirtschaft genützt werden, um den Boden zu verbessern.

Wie bereits dargestellt haben viele erneuerbare Ressourcen schlechte logistische Eigenschaften – das trifft auch auf ihre Koppel- und Nebenprodukte zu. Will man Erneuerbare effizient nutzen und aufbereiten, wird die Nähe zum Ort der Entstehung zum entscheidenden Kriterium. Dies gilt für viele niederwertige landwirtschaftliche Produkte wie Heu und Gras-Silage, für viele Ernterückstände wie Stroh, Maisspindeln und Schlägerungsreste aus der Forstwirtschaft ebenso wie für viele Abfallströme wie Gülle aus der Viehhaltung.

Insbesondere gilt dies aber für Wärme, die als Kuppelprodukt bei allen Stromerzeugungsanlagen auf Biomassebasis (KWK-Anlagen) anfällt. Sie kann nur über Distanzen von höchstens wenigen Kilometern sinnvoll transportiert werden. Da die Energiegewinnung aus Reststoffen und Nebenprodukten von Wertschöpfungsketten auf biogener Basis einen wesentlichen Beitrag zum wirtschaftlichen Erfolg leistet, ist es notwendig, das Kuppelprodukt Wärme so gut wie möglich zu nutzen. Wärme brauchen wir in unseren Breiten nicht nur in Form von Raumheizung, um uns vor Kälte zu schützen, sie ist auch ein wesentlicher Produktionsfaktor für viele Verwertungswege biogener Rohstoffe. Insbesondere deshalb, weil diese Rohstoffe fast immer sehr feucht sind. Sie müssen zuerst getrocknet werden, um sie gut lagern und weiterverarbeiten zu können.

Am Beispiel der Wärmenutzung erkennt man bereits, wie verschränkt Wertschöpfungsketten auf der Basis erneuerbarer Ressourcen sind und wie stark sie an den Herkunftsort gebunden sind. Dies bedeutet, dass der Aufbau erfolgversprechender Nutzung erneuerbarer Ressourcen nur in enger regionaler Kooperation über die Grenzen von Sektoren hinweg möglich ist.

Hinzu kommt, dass durch die logistischen Eigenschaften erneuerbarer Ressourcen (zeitlich diskontinuierlicher Anfall, teure Speicherung, möglichst geringe Transportdistanzen aufgrund schlechter Transportparameter und/oder Verderblichkeit) neue, kooperative Interaktionen zwischen Produzenten und Konsumenten notwendig werden. Dies gilt etwa bei der Abstimmung der Stromnachfrage an das zeitlich schwankende Angebot aus Quellen wie PV und Windkraft. Schließlich kommt noch hinzu, dass Sonnenenergie eine vollständig dezentrale und freie Ressource ist, die jeder nutzen kann. Damit wird, etwa durch PV-Anlagen auf Privathäusern und Privatgründen oder durch „Cityfarming", der Kreis der Produzenten stark erweitert bzw. die Trennung zwischen Produzenten und Konsumenten aufgeweicht. Man nennt diese Marktteilnehmer, die sowohl als Produzent als auch als Konsument auftreten, „Prosumer". Sie werden Teil eines eng verschränkten und räumlich gebundenen Produktions- und Nutzungsgeflechtes, das innovative Kooperationsmodelle fordert.

3.4   Resilienz als „Nebenprodukt"

Gerade die Erfahrungen aus der Corona-Pandemie haben gezeigt, dass unsere derzeitige fossil basierte globalisierte Wirtschaftsform starke Defizite im Bereich der Resilienz gegenüber unvorhergesehenen Krisen aufweist. Komplexe globale Wertschöpfungsketten und Abhängigkeiten von wenigen, weit entfernten Lieferanten von Schlüsselprodukten, etwa Pharmawirkstoffen und medizinischer Ausrüstung, führen schnell zu Engpässen und krisenhaften Mangelerscheinungen. Hohe Abhängigkeit von weit entfernten Partnern – sei es als Zulieferer oder als Abnehmer oder als Touristen – führt bei auch nur kurzfristiger Einschränkung der Verkehrsfreizügigkeit schnell zu überproportionaler Schädigung des wirtschaftlichen Gesamtgefüges. Das Fazit: Unsere Wirtschaft gleicht einem Rennpferd, das zwar zur höchsten Leistung fähig ist, diese aber nur unter optimalen Bedingungen erbringen kann und auf Störungen sehr empfindlich reagiert. Das ist beunruhigend, denn durch den Klimawandel und damit verbundene Herausforderungen wie Wetterkatastrophen, Fluchtbewegungen und neue Krankheiten durch wärmeliebende Schädlinge wird unsere Zukunft immer unsicherer und störungsanfälliger.

Folgt man der Argumentation von *Hat* und *Stöglehner* (2019), so stellen Effektivität der Ressourcennutzung, geringe Distanzen für Wirtschafts- und Lebensbeziehungen, Diversität der Gesellschaft und Wirtschaft sowie Redundanz in den Grundlagen der Wirtschaft wichtige Faktoren der Resilienz von Gemeinwesen dar. Wie aus den bisherigen Ausführungen zu techno-ökonomischen Folgen des Ressourcenwandels hervorgeht, muss eine Wirtschaft auf der Basis erneuerbarer Ressourcen schon aufgrund der Eigenschaften dieser Ressourcen diese Resilienz-Parameter erhöhen. Damit gibt es offenbar eine interessante neue „invisible hand", die unsere ökologische, wirtschaftliche und gesellschaftliche Entwicklung lenkt: Je stärker wir unsere Ressourcenbasis in Richtung erneuerbare Quellen ändern, desto geringer ist der durch unser Wirtschaften ausgelöste Klimadruck. Und desto resilienter wird Wirtschaft und Gesellschaft gegenüber den Herausforderungen des (bereits eingeleiteten) Klimawandels.

3.5   Die Wiederentdeckung des Raumes

Eine der größten Auswirkungen fossil getriebener Globalisierung ist die Überwindung des Raums. Dieser Faktor prägt unser Wirtschafts- und Gesellschaftssystem. Dies beginnt bei den fast vernachlässigbaren Kosten für Warentransport und Personenverkehr. Äpfel aus Südafrika, Tomaten aus Südspanien und Rindfleisch aus Argentinien, aber auch Erdgas aus Sibirien, Kohle aus Australien und Erdöl aus Saudi Arabien sowie Mobiltelefone aus Korea und Kleider aus Bangladesch prägen unsere Märkte. Einkaufsflüge nach London, Sonnenbaden in Thailand und Kulturreisen nach Ägypten sind unser Erlebnishorizont. Aber auch natürliche Grenzen, die uns unsere räumlich-physische Mitwelt setzt, bricht die fossile Energie auf: Die Fruchtbarkeit unserer Felder wird über den Einsatz von Kunstdünger geregelt, der mithilfe fossiler Energie erzeugt wird. Möglichem Wassermangel in der Landwirtschaft wird durch

Bewässerung unter Einsatz von Energie begegnet. Ebenso wird Schädlingsdruck durch den Einsatz von Pestiziden bekämpft, die häufig aus fossilen Rohstoffen hergestellt werden. Schließlich regulieren viele Menschen das Raumklima im Winter durch Verbrennen fossiler Energieträger und im Sommer durch Klimaanlagen, die riesige Mengen an Strom benötigen. In einer fossil bestimmten Wirtschaft spielen räumliche Mitwelt und Raumbeziehungen also eine untergeordnete Rolle.

Der Übergang zu einer Wirtschaft auf der Basis erneuerbarer Ressourcen ist im Wesentlichen auch eine Rückbesinnung auf den Raum. Dies schon deshalb, weil erneuerbare Ressourcen eben dezentrale Ressourcen sind, die Fläche für ihre Gewinnung und Umwandlung benötigen und die von natürlichen Faktoren des Raumes abhängen. Wie bereits weiter oben ausgeführt heißt das aber, dass der Raum in seiner Ausdehnung und auch in seinen Eigenschaften und Strukturen zu einem entscheidenden Faktor für wirtschaftliche und gesellschaftliche Entwicklung wird.

Die Folgen, die Raumgebundenheit und inhärente Transportaversion entscheidender erneuerbarer Ressourcen haben, sind radikal. Erstens ist die Zeit der billigen Überwindung des Raums und seiner natürlichen Beschränkungen vorbei. Die Energie zur Überwindung der räumlich gegebenen Beschränkungen muss ja aus dem Raum selber kommen und ist damit automatisch selbst beschränkt. Der „Import aus der Vergangenheit", den die Nutzung fossiler Ressourcen darstellt, ist schließlich aus Klimaschutzgründen nicht mehr möglich.

Zweitens ändert sich die Basis der Effizienz. Neben der bisher dominierenden ökonomischen Effizienz spielt plötzlich die „räumliche Ressourceneffizienz" eine entscheidende Rolle. Diese Effizienz bemisst, was man tun muss, um das räumlich vorhandene Ressourcenpotenzial so nachhaltig wie möglich zu nutzen.

Drittens verändert sich die Bedeutung regionaler Einheiten. Wertschöpfungsketten sind lokal und regional verknüpft sind, das macht sie hochkomplex. Wer die regionalen erneuerbaren Ressourcen effizient und nachhaltig nutzen will, braucht deshalb ein aktives regionales Ressourcen- und Entwicklungsmanagement. Regionen werden damit zu elementaren wirtschaftlichen und politischen Akteuren.

Viertens verändert sich das Verhältnis der einzelnen Raumelemente untereinander. Urbane Zentren müssen jene Energie und Ressourcen aus dem Umland importieren, die sie nicht selbst bereitstellen können. Rurale Regionen bringen ihren Überschuss an erneuerbaren Ressourcen auf den Markt, die zuvor in kleinregionalen Zentren aufbereitet und veredelt wurden. Größere regionale Mittelstädte agieren daher als Drehscheiben für Verarbeitung, Vermarktung und Logistik der Ressourcen und Produkte in ihrem Einzugsgebiet. Die einzelnen Raumelemente werden durch entsprechende Leitungs- und Transportinfrastruktur verbunden[15].

Der Ressourcenwandel zu erneuerbaren Quellen bedeutet jedoch nicht das Ende der globalen Zusammenarbeit. Der Kampf gegen den Klimawandel, der Schutz globaler Ökosysteme, die Eindämmung von Krankheiten und die Bemühungen um die Über-

---

[15] Stöglehner et al., 2011.

windung der Armut auf globaler Ebene gehen weiter. Sie erfordern nach wie vor globale, gemeinsame und koordinierte Anstrengungen. Ebenso werden weiterhin Waren, Know-how und Informationen global ausgetauscht, Menschen werden weiterhin reisen und wandern. Was sich aber grundlegend ändert, ist einerseits die Herkunft der meisten Produkte und Dienstleistungen des täglichen Bedarfs. Diese werden künftig aufgrund der Eigenschaften erneuerbarer Ressourcen durch das regionale Angebot dominiert. Ausgenommen davon werden nur jene Produkte wie etwa Kaffee oder Südfrüchte sein, die grundsätzlich nur in anderen Regionen vorkommen und die auch weiterhin verfügbar bleiben. Andererseits ändert sich auch die Bedeutung regionaler Ausdifferenzierung in den globalen Beziehungen: Das Zusammenspiel zwischen regionalen natürlichen Ressourcen, der regionalen Kooperation der Akteure und den regionalen Talenten, der Innovationskraft und dem vorhandenen Wissen über optimale nachhaltige Nutzung aller vorhandener Ressourcen wird die Stellung einer Region im globalen Spiel der Kräfte bestimmen.

3.6   Neuvermessung der Gesellschaft

Ändert man die Ressourcengrundlage der Gesellschaft, ändert man auch ihre Struktur. Das Zusammenspiel und die Machtverhältnisse zwischen ihren einzelnen Elementen verändern sich. Bereits heute wird der Einfluss der Digitalisierung auf Wirtschaft, Arbeitswelt und Politik breit diskutiert. Ebenso stark wird der Ressourcenwandel die allgemeine gesellschaftliche Entwicklung beeinflussen. Im Folgenden wird dies anhand der drei Dimensionen Arbeitswelt, Bildung und Governance dargestellt.

Andere Ressourcen erfordern andere Industrie- und Wirtschaftsstrukturen. Erneuerbare Ressourcen erfordern dezentrale Aufbereitungs- und Verarbeitungsanlagen. Sie benötigen darüber hinaus eine große Anzahl an Infrastruktureinrichtungen wie Windräder und PV-Anlagen, die errichtet und gewartet werden müssen. Insgesamt ist eine Wirtschaft auf der Basis erneuerbarer Ressourcen arbeitsintensiver als eine zentralisierte fossile Großtechnologie. Dazu kommt, dass viele der bisherigen Industrie- und Infrastrukturanlagen obsolet werden. Sie müssen durch neue, innovative Industriezweige wie etwa Bioraffinerien und Altstoff-Aufbereitungsanlagen ersetzt werden. Viele bestehende Industrien müssen sich den Gegebenheiten der neuen Ressourcenbasis durch technologische Innovation anpassen. Dies bedeutet, dass gerade auch in der Transformationsphase Arbeitskräfte besonders nachgefragt werden. Dies steht dem Bedeutungs- und Arbeitsplatzverlust in einigen Branchen gegenüber, die stark auf fossile Ressourcen ausgerichtet sind.

Betrachtet man diese Veränderung aus der Vogelperspektive, so fällt auf, dass sich industrielle Aktivität in peripheren Gebieten und in Mittelstädten als regionale Zentren verstärken wird. Man sieht, dass neben neuen, innovativen Industrien, die erneuerbare Ressourcen verarbeiten, auch die Bereiche der technischen Instandhaltung und der Kurzstrecken-Logistik und Vermarktung regionaler Erzeugnisse und Dienstleistungen wachsen werden.

Es ist klar, dass auch innovative neue Industriezweige wie Bioraffinerien digitalisiert und automatisiert sein werden. Trotzdem ist zu erwarten, dass alleine durch die größere Zahl der Anlagen aufgrund der Notwendigkeit kürzerer Transportwege, die Arbeitsplatzreduktion durch Digitalisierung geringer ausfällt als in den bisherigen fossil basierten Großtechnologien. Darüber hinaus sind Sektoren wie technische Instandhaltung und teilweise auch die Kurzstrecken-Logistik arbeitsintensiv und nicht einfach automatisierbar. Insgesamt ergibt der Umstieg auf erneuerbare Ressourcen zumindest eine Dämpfung des Arbeitsplatzverlustes, der durch die Digitalisierung im produzierenden Bereich erwartet wird. Zugleich kommt es zu einer wirtschaftlichen Stärkung entlegener Regionen. In der etwa zwei Generationen umfassenden Transformationsphase (bis etwa 2070) ist mit einer verstärkten Nachfrage nach Arbeitskräften zu rechnen, die benötigt werden, um Industrie- und Infrastrukturanlagen umzurüsten bzw. neu aufzubauen.

Die stärkere Fokussierung auf den Konsum in der eigenen Region bzw. in räumlich näheren Märkten lässt erwarten, dass das Arbeitsaufkommen insgesamt verstetigt wird. Das bedeutet wiederum eine Verstetigung des Arbeitsmarkts, schließlich werden auch die Unternehmen stärker an die Region gebunden, da sie die lokalen erneuerbaren Ressourcen und Reststoffe für Recycling benötigen werden. Der Preisdruck von Billiglohnländern sollte sich zumindest in jenen Sektoren verringern, in denen erneuerbare Ressourcen und Reststoffe mit schlechten logistischen Eigenschaften verarbeitet werden (und das gilt wohl für einen Gutteil der Energie- und Warenwirtschaft), da der Transport dieser Rohstoffe hohen ökonomischen und ökologischen Aufwand bedeutet.

Sowohl die Umrüstung der derzeitigen Energie- und Industriestruktur als auch deren zukünftiger Betrieb benötigt hochqualifizierte Mitarbeiter. In ihrer „Strategic Energy Technology (SET) Plan Roadmap for Education and Training" (EC, 2014) schätzt die Europäische Kommission, dass allein im Zeitraum 2020 bis 2030 insgesamt 6,3 Millionen neue Arbeitskräfte im Bereich der „low carbon energy fields" notwendig sein werden, um die Klimaziele der EU zu erreichen. Davon sollen bis zu 70 % qualifizierte Facharbeiter sein. Dazu kommen noch zusätzliche Arbeitskräfte in den Bereichen der Recycling-basierten Kreislaufwirtschaft und der nicht-energetischen, innovativen Bio-Ökonomie. Diese Schätzungen lassen bereits erahnen, welche Herausforderungen diese Transformation zu einer erneuerbaren Ressourcenbasis der europäischen Wirtschaft für Arbeitsmarkt und Ausbildung bedeuten. Neben der großen Anzahl an notwendigen zusätzlichen Arbeitskräften stellt auch das dynamische Anforderungsprofil an zukünftige Beschäftigte eine Herausforderung dar. Neue Technologien, neue Wertschöpfungsketten und neue Infrastrukturen erfordern auch neue Fertigkeiten und innovative Kombinationen vorhandenen Know-hows. Die größere Vielfalt an Technologien, die aus der höheren Komplexität der Wertschöpfungsketten auf Basis erneuerbarer und rezyklierter Ressourcen folgt, und die hohe Verflechtung unterschiedlicher Nutzungspfade resultieren in einer höheren Anzahl an Berufsbildern, die teilweise komplett neu sein werden. Die relativ geringen Anlagengrößen im Vergleich zu vielen heutigen Industrie- und Energieanlagen erfordern Arbeitskräfte mit breitem praktischem wie auch theoretischem Wissen. Zusätzlich dazu werden auch neue

Management- und Vermarktungsaufgaben notwendig, um regionale Ressourcen zu verwalten und zwischen unterschiedlichen Wertschöpfungsketten zu vermitteln. Damit wird die bisherige Trennung zwischen praktischer Berufsausbildung und akademischer Ausbildung voraussichtlich aufgeweicht. Insgesamt werden die beruflichen Anforderungsprofile sowohl individueller und spezieller als auch umfassender im Hinblick auf praktische Fertigkeiten und theoretisches Wissen.

Neben der Ausbildung junger Arbeitskräfte erfordert der Ressourcenwandel, wie die SET Plan Road Map Training and Education ausdrücklich betont, auch eine intensive Weiterbildung und Qualifizierung von Arbeitskräften, die bereits im Berufsleben stehen. Erneuerbare Energiesysteme und auch innovative Technologien zur Verarbeitung erneuerbarer Rohstoffe und Waren aus dem Recycling erfordern neue Kenntnisse und Fertigkeiten, die in der Berufsausbildung bisher nicht geboten wurden.

Damit steht das Ausbildungssystem sowohl vor einer beträchtlichen quantitativen als auch einer qualitativen Herausforderung, die das derzeitige System sowohl strukturell als auch inhaltlich kaum bewältigen kann. Daraus folgt, dass das Ausbildungssystem inklusiver sowie inhaltlich und strukturell flexibler werden muss. Die Corona-Krise hat bereits gezeigt, dass in der Nutzung des Internets und sozialer Medien in der Bildung ein großes Potenzial steckt. Allerdings kann sinnvolle Vorbereitung auf die Herausforderungen des Ressourcenwandels nicht einfach darin bestehen, dass Bildungseinrichtungen eine Vielzahl an Internet-Kursen zusätzlich anbieten. Es braucht eine tiefgreifende Reform der Ausbildung, die die Rolle der Bildungsanbieter neu definiert und die Frage der Qualitätssicherung in einer vielfältigeren Ausbildungslandschaft thematisiert[16]. Eine eingehende Analyse der notwendigen Eckpunkte einer solchen Bildungsreform würde den Umfang dieses Beitrags sprengen. Die wesentlichen Schlagworte dafür sind individuelle Lernförderung, lebenslanges Lernen, Modularisierung des Angebotes, strikte und einheitliche Qualitätssicherung der Lernergebnisse, Gleichbewertung von praktischen Fertigkeiten und theoretischem Wissen sowie Vielfalt der Bildungsbiografien, die zu vergleichbaren Bildungsabschlüssen führen.

Ein Ressourcenwandel verschiebt zwangsläufig auch die Beziehungen und Machtverhältnisse zwischen den unterschiedlichen gesellschaftlichen Akteuren. Bereits angesprochen wurde die Möglichkeit von Konsumenten, selbst als Produzent aufzutreten. Da solare Einstrahlung eine freie Flächenressource ist, kann jeder, der über Fläche verfügt, diese Grundressource nutzen. Dies betrifft natürlich in erster Linie die Energie durch PV und Solarthermie, die auf der Oberfläche von Gebäuden und anderen privaten Flächen geerntet werden kann. Damit werden viele bisherige Konsumenten zu „Prosumern". Dies führt einerseits zu einer höheren Demokratisierung einiger Wirtschaftssektoren und andererseits zu einer höheren Resilienz der Gesellschaft insgesamt. Besonders letzterer Effekt ist seit den Erfahrungen mit der Corona-Pandemie stärker in den Fokus gerückt.

---

[16] Oswald, 2016.

So positiv es ist, dass sich Konsumenten und Produzenten als Nebeneffekt des Ressourcenwandels stärker auf Augenhöhe begegnen, so muss doch darauf hingewiesen werden, dass stärker demokratisierte Sektoren auch eines intensiveren Regelungsaufwandes bedürfen. Bereits im Rahmen der Digitalisierung wurden ja Sektoren wie Personenbeförderung und Beherbergung im urbanen Raum für breitere Anbieterschichten geöffnet, man denke etwa an die Firmen Uber und AirBnB. Die Beispiele dieser Sektoren zeigen aber bereits, dass eine „Prosumer"-Wirtschaft nur dann gelingen kann, wenn ein faires und solides staatliches Regelwerk den Rahmen bildet.

Wie angesprochen sind innovative Sektoren, die erneuerbare Ressourcen verwenden, stärker an den Raum gebunden, weil das die Eigenschaften der Ressourcen und die hohe räumliche Vernetzung der unterschiedlichen Wertschöpfungsketten bedingen. Teile der Wertschöpfungsketten räumlich auszulagern wird unattraktiv, weil das Rohstoffangebot und die Energiedienstleistung technologisch mit anderen Wertschöpfungsketten der Region verknüpft sind. Gleichzeitig führt die stärkere Orientierung vieler Wertschöpfungsketten auf „Märkte vor der Haustüre" zu einer Verstetigung der Nachfrage nach Arbeitskräften. Ähnlich wie der Effekt der „Prosumer"-Wirtschaft kann dies zu einem stärkeren Ausgleich der Verhandlungsbasis zwischen Arbeitgebern und Arbeitnehmern sowie zur Steigerung der Resilienz der Gesellschaft als Ganzes beitragen. Es gilt allerdings auch hier, dass dieser Vorteil nur im Rahmen eines fairen und soliden staatlichen Regelwerks schlagend werden kann.

Das Verhältnis von weniger urbanisierten Regionen zu urbanen Zentralräumen wird durch den Ressourcenwandel besonders betroffen. In unserer derzeitigen fossilen Wirtschaft mit ihrer Indifferenz für räumliche Distanzen, ist der wirtschaftliche Austausch zwischen urbanen Zentren dominant. Der Ressourcenwandel bringt jedoch jene Regionen, die Fläche als die Grundressource einer nachhaltigen und klimaverträglichen Gesellschaft verwalten, an den Verhandlungstisch. Die Rolle nicht-urbaner Räume als Bereitsteller von Nahrung, erneuerbarer Energie und biogenen Rohstoffen, aber auch als Orte einer innovativen Re-Industrialisierung, macht sie zu dynamischen Partnern in einer nachhaltigen Wirtschaft. Neben der Effizienz, mit der Regionen ihre erneuerbaren Ressourcen zu nutzen im Stande sind, wird auch die Effizienz ihrer Zusammenarbeit mit urbanen Zentralräumen für ihren Erfolg ausschlaggebend sein. Ebenso ist für urbane Zentren ihre Resilienz, aber auch ihr kompetitiver Vorteil gegenüber globalen Konkurrenten nicht mehr allein durch Wissen, Kapital und Technologie bestimmt, sondern auch durch ihre erfolgreiche Vernetzung mit ihrem Hinterland als Ressourcenbasis. Der globale Wettbewerb wird daher weniger zwischen Mega-Cities allein und stärker zwischen Metropolregionen, die aus urbanen Zentren und ihren Hinterländern bestehen, ausgetragen. Obwohl erneuerbare Ressourcen die Verhandlungsbasis nicht-urbaner Regionen in einer auch zukünftig globalisierten Welt verbessert, sind auch hier faire und solide staatliche, aber auch internationale, Regelwerke notwendig.

Eine Schlüsselrolle im Ressourcenwandel kommt damit offensichtlich Regionen als den Verwaltern von Fläche und dem Rahmen für Kooperation entscheidender Akteure zu. Regionalität darf dabei aber nicht als die vordergründige Vermarktung einer schon längst obsoleten ländlichen Idylle missverstanden werden. Es geht auch nicht um die Hoffnung, dass Konsumenten, vielleicht in patriotischer Anwandlung, die Produkte „aus der Region" bevorzugen und dafür einen Aufpreis bezahlen. Die Bedeutung der Region hat vielmehr etwas mit der hohen technologischen und wirtschaftlichen Komplexität der Wertschöpfungsketten auf Basis erneuerbarer Ressourcen und mit den notwendigen großen Anstrengungen der Transformation zu einer klimagerechten Wirtschaftsform zu tun: Der Ressourcenwandel ist nur systemisch umsetzbar und es gibt keine „invisible hand" von Marktkräften, die das notwendige Netz an Nutzungstechnologien erneuerbarer Ressourcen „von selber" entstehen lässt. Erst die räumliche Verflechtung von Wertschöpfungsketten auf der Basis erneuerbarer Ressourcen bedingt ausreichende Nutzungseffizienz regionaler Ressourcen. Die Nutzung regionaler erneuerbarer Ressourcen wird damit erst im Gesamtsystem wirtschaftlich attraktiv. Die isolierte Einführung von Einzeltechnologien ist meist nicht rentabel oder nur durch massive (und langfristig oft unsichere) Subvention möglich. Die Umsetzung systemischer regionaler Nutzungskonzepte erfordert aber intensive Planung und Steuerung auf regionaler Ebene, unter Einbeziehung aller relevanten Akteure.

Ein gutes Beispiel dafür stellen Bioenergiesysteme, etwa Biogasanlagen oder Holzgasanlagen dar. Beide Technologien sind sinnvolle Verwertungswege für biogene Ressourcen minderer Qualität oder, noch besser, von Abfallströmen. Das Rohstoffspektrum von Biogasanlagen sollte damit sinnvollerweise auf Gülle und andere flüssige Nebenprodukte der Landwirtschaft und möglicherweise Silage von Überschuss-Grasmengen beschränkt sein. Holzgasanlagen sollten Rest- und Schadholzmengen verwerten. Beide Technologien sind „trivalente Energietechnologien", das heißt, dass sie sowohl Strom, Wärme und, nach Aufbereitung auch Biomethan, bereitstellen. Darüber hinaus eint beide Technologien, dass ihre Reststoffe (Biogasgülle bzw. Asche aus Holzgasanlagen) wieder in den Nährstoffzyklus zurückgeführt werden sollten.

Solche Anlagen erfordern erhebliche Investitionsmittel. Sie können nur dann wirtschaftlich sinnvoll betrieben werden, wenn einerseits die Ressourcen langfristig gesichert sind und andererseits alle Produkte und Dienstleistungen, die sie bereitstellen, langfristig abgenommen werden. Anlagen, die nur ein Produkt absetzen können (etwa Strom) sind nur mit massiven Förderungen wirtschaftlich darstellbar. Solche Förderungen sind langfristig unsicher, wie viele Biogas-Anlagenbetreiber schmerzvoll erfahren mussten.

Will man daher in einer Region diese an sich sehr sinnvollen Technologien umsetzen, geht dies nur mit umsichtiger Planung und enger Zusammenarbeit vieler Akteure aus ganz unterschiedlichen Sektoren: Standorte müssen gefunden werden, die Anschluss an bestehende Strom- und eventuell Gasnetze bieten. Die Land- bzw. Forstwirtschaft muss sich verpflichten, langfristig Ressourcen bereit zu stellen und Reststoffe ökologisch sinnvoll wieder als Nährstoffe bzw. Bodenverbesserer zurückzunehmen. Abnehmer für die als Kuppelprodukt anfallende Wärme müssen gefunden werden, wobei die Abnahme über das ganze Jahr und nicht alleine in der Heizperiode gesichert werden muss. Dies bedeutet, dass nicht nur der Anschluss an kommunale

Nahwärmenetze gegeben sein muss, sondern dass gewerbliche und industrielle Abnehmer entweder nah am Standort sein müssen oder aber durch entsprechende raumordnerische und infrastrukturelle Maßnahmen dort neu angesiedelt werden müssen. Wärme kann dabei für Trocknungszwecke (etwa von Feldfrüchten aus der Landwirtschaft oder von Qualitätsholz bei holzverarbeitenden Industrien) oder für Prozesswärme (etwa im Rahmen der Herstellung von Nahrungsmitteln oder Biomaterialien aus regionalen biogenen Rohstoffen) eingesetzt werden. Strom und Biomethan können entweder in überregionale Netze eingespeist werden, wobei langfristige Lieferverträge mit überregionalen Energiedienstleistern und Bereitstellern der Infrastruktur abgeschlossen werden müssen. Biomethan könnte aber auch lokal und regional genutzt werden, etwa als klimaneutraler Treibstoff für Fahrzeuge und Arbeitsmaschinen.

Wie aus der unvollständigen Aufzählung klar hervorgeht, sind sinnvolle Entscheidungen über die Nutzung erneuerbarer Ressourcen niemals reine Technologieentscheidungen einzelner Akteure auf der Basis existierender Marktkräfte. Sinnvolle Nutzungsstrategien erneuerbarer Ressourcen erfordern immer systemische Entscheidungen unter Einbeziehung vieler Akteure aus ganz unterschiedlichen Bereichen. Strategische Planung und die Moderation von Transaktionen zwischen Partnern aus verschiedenen Sektoren, die für sich Teil unterschiedlicher Wertschöpfungsketten sind, werden notwendig. Regionalität bildet den gesellschaftlichen, wirtschaftlichen und politischen Rahmen, in dem die komplexe Transformation einer fossilen in eine nachhaltige Wirtschaft konkret umgesetzt werden muss.

Die gemeindeübergreifende, regionale Ebene ist dabei aus zwei Gründen wichtig: Sie ist einerseits groß genug, um eine sinnvolle Komplexität der Nutzung erneuerbarer Ressourcen zuzulassen. Damit gewährleistet sie Nutzungseffizienz und Resilienz. Und die regionale Ebene ist andererseits übersichtlich genug, um den handelnden Personen vertrauensvolle Zusammenarbeit und einen gemeinsamen emotionalen Referenzpunkt zu bieten. Um ihrer Rolle als zentraler Akteur der Umsetzung einer nachhaltigen, klimafreundlichen Wirtschaft gerecht zu werden, benötigt eine Region aber auch entsprechende Governance-Werkzeuge. Regionen sind dabei nicht einfach eine weitere Ebene politischen Handelns: Sie sind der Ort, an dem unterschiedliche Akteure auf der Basis erneuerbarer Ressourcen des Raumes ihre Zukunft aushandeln. Dies erfordert starke Regionalmanagements. Sie üben nicht mehr die Rolle von reinen Projektabwicklern aus, sondern verfügen über strategisches Planungswissen. Sie moderieren und sind kompetent darin, Verhandlungen zwischen unterschiedlichsten Akteuren in partizipativen Entscheidungsprozessen durchzuführen. Gleichzeitig mit der Koordination nach innen müssen effektive Regionalmanagements aber auch nach außen aktiv sein[17]. Es geht darum, die Transformation der Region mit der Entwicklung auf nationaler und internationaler Ebene abzustimmen. Dazu gehören einerseits natürlich Marketing der regionalen Produkte und Dienstleistungen, andererseits auch die Aushandlung von langfristigen Kooperationen mit anderen Regionen und urbanen Zentren.

---

[17] Lafferty und Narodoslawsky, 2003.

3.7   Zusammenfassung

Will man die nationalen und internationalen Klimaziele erreichen, muss man die Wirtschaft fundamental neu ausrichten: Wir müssen weg von fossilen hin zu erneuerbaren und rezyklierten Ressourcen. Dies bedeutet aber nicht einfach, die Technologien zu ändern. Es heißt vielmehr, die Strukturen in Technik, Wirtschaft, Gesellschaft und Politik tiefgreifend zu reformieren. Der Grund dafür liegt in spezifischen Unterschieden erneuerbarer Ressourcen gegenüber fossilen Ressourcen: Erneuerbare Ressourcen sind solar basiert und damit strikt dezentral, wohingegen fossile Ressourcen aus Punktquellen wie Ölfeldern und Kohleminen gefördert werden. Darüber hinaus haben viele erneuerbare Ressourcen ungünstige logistische Eigenschaften. Sie fallen entweder diskontinuierlich an, was teure Speicherung erfordert, oder benötigen große Transportvolumina, was den wirtschaftlichen und ökologischen Transportaufwand empfindlich erhöht. Dezentralität und hoher Transportaufwand machen dezentrale Aufbereitung und/oder Verarbeitung notwendig. Dezentrale Anlagen haben meist geringere Kapazitäten und sind im Betrieb teurer.

Neben logistischen gibt es auch gravierende qualitative Unterschiede zwischen fossilen und erneuerbaren Ressourcen. Generell ist das Angebot an erneuerbaren Ressourcen vielfältiger – unterschiedliche Ressourcen können zur Bereitstellung desselben Produktes oder derselben Energiedienstleistung verwendet werden. Dies führt zu komplexeren Wertschöpfungsketten, die auch untereinander stark vernetzt sind.

Die Folgen dieser Unterschiede sind dramatisch: Die Wirtschaft wird kleinteiliger und vielfältiger. Räumliche Nähe wird zu einem wesentlichen Wirtschaftsfaktor, die Ausrichtung auf räumlich enge Zusammenarbeit und räumlich nahe Märkte nimmt damit zu. In vielen Bereichen, etwa im Verhältnis zwischen Arbeitgebern und Arbeitnehmern sowie Produzenten und Konsumenten, ist damit zu rechnen, dass sich heute bestehende Machtgefälle verringern. Die Resilienz von Wirtschaft und Gesellschaft sollte durch den Ressourcenwandel zunehmen. Wie entscheidend Resilienz ist, haben die jüngsten Erfahrungen der Corona-Krise gezeigt. Ihr Wert wird mit den noch zu erwartenden Herausforderungen des Klimawandels weiter steigen.

Die Transformation durch den Ressourcenwandel bzw. die Umstellung von einer fossilen zu einer nachhaltigen und klimaschützenden Wirtschaft kann durch Marktkräfte allein nicht gesteuert werden. Große Herausforderungen in der Neugestaltung der Bildung und in der Regelung und strategischen Steuerung des wirtschaftlichen und gesellschaftlichen Wandels erfordern weitsichtige politische Lenkung.

Eine besondere Rolle in der Transformation kommt Regionen zu. Sie sind einerseits die Verwalter der „Grundressource Fläche". Andererseits müssen sie den Rahmen für die konkrete Transformation des Ressourcenwandels bilden. Starke regionale Governance-Strukturen müssen die strategische Planung der Nutzung erneuerbarer Ressourcen übernehmen und die komplexen Aushandlungsprozesse vieler Akteure aus unterschiedlichen Sektoren moderieren. Gleichzeitig müssen sie die intraregionalen Prozesse mit der nationalen und internationalen Entwicklung abgleichen und langfristige Kooperationen mit anderen Regionen und urbanen Zentren sicherstellen.

Österreich verfügt bereits heute über eine große Vielfalt an regionalen Entwicklungsprozessen. Die Tradition der Zusammenarbeit der Sozialpartner wird gerade in der Zeit der Transformation ein wichtiger positiver Standortfaktor sein, der die notwendigen komplexen Verhandlungen über Sektorgrenzen und zwischen unterschiedlichen gesellschaftlichen Akteuren erleichtert. Aus der Sicht der Herausforderungen des Ressourcenwandels wäre es wünschenswert, wenn diese Tradition als Grundlage innovativer sozialpartnerschaftlicher Kooperation auf regionaler Ebene genutzt würde.

Quellenverzeichnis

BP (2020): Energy demand by sector, https://www.bp.com/en/global/corporate/energy-economics/energy-outlook/demand-by-sector.html, (eingesehen Juni 2020).

EU (2014): Strategic Energy Technology (SET) Plan Roadmap for Education and Training, EUR 26558 EN, Publications Office of the European Union, Luxembourg, doi:10.2790/16458.

Hat K., Stoglehner G., (2019): How Resilient is Growth? Resilience Assessment of Austrian Municipalities on the Basis of Census Data from 1971 to 2011. SUSTAINABILITY-BASEL.; 11(6), 1818.

IEA (2019): Data and Statistics, Global Primary Energy Supply, https://www.iea.org/data-and-statistics?country=WORLD&fuel=Energy%20supply&indicator=Total%20primary%20energy%20supply%20(TPES)%20by%20source (eingesehen Juni 2020).

IFPEN (2019): https://www.ifpenergiesnouvelles.com/article/biofuels-dashboard-2019 (eingesehen Juni 2020).

Lafferty W.M., Narodoslawsky M. (2003): Regional Sustainable Development in Europe: The Challenge of Multi-level Co-operative Governance, ProSus, Oslo, Norwegen.

Krozer Y., Narodoslawsky M. (2019): Economics of Bioresources, Springer Nature Switzerland AG, Cham (CH).

Montgomery, D. R. (2008): Dirt – The Erosion of Civilizations; University of California Press, Berkley & Los Angeles (USA).

Narodoslawsky, B. (2020): Inside Fridays for Future – Die faszinierende Geschichte der Klimabewegung in Österreich; Falter Verlagsges. m. b. H., Wien, Österreich.

Oswald G. (2016): Technische Ausbildung für die Energiewende: Bildungsräume – Erneuerbare Energie, Dissertation, TU Graz.

Raggam, A. (2019): Klimawandel Stopp und Umkehr; dbv-Verlag (Österreich), Wien.

Stoeglehner G., Niemetz N., Kettl K.-H. (2011): Spatial dimensions of sustainable energy systems: new visions for integrated spatial and energy planning, Energy, Sustainability and Society 1 (1), 1–9.

Kapitel 4

Forschung, Entwicklung & Innovation in der Steiermark: Status und wesentliche Potenziale

Ing. Bernhard Puttinger, MBA, Geschäftsführer Green Tech Cluster Styria GmbH

4.1   Grünes Herz der grünen Technologiewelt

Die Steiermark ist ein europäischer Hotspot bei Forschung, Entwicklung und Innovation. Mit einer Forschungs- und Entwicklungsquote von 4,91 % liegt sie im Spitzen-Trio der rund 280 europäischen Regionen.[18]

Der Bereich Nachhaltigkeit mit Klima und Energie bildet darin einen Schwerpunkt. Die steirische Forschungsstrategie[19] führt dies ebenso als eines von fünf Stärkefeldern wie die Wirtschaftsstrategie 2025 des Landes Steiermark das Thema Green Tech als eines von drei Leitthemen nennt.[20]

4.1.1   Die starken Wurzeln

Dass die Steiermark hier nicht einfach nur einem Modetrend folgt, sondern selbst Pionierleistungen erbracht hat, zeigt der Blick zu den Wurzeln der Forschung und Innovation.

Wohl bekannt ist die Ausnahmestellung von Erzherzog Johann. Er gründete vor über 200 Jahren die Technische Universität Graz im Jahr 1811 sowie die Montanuniversität im Jahr 1840 und er inspirierte Joanneum Research. Gepaart mit der Karl-Franzens-Universität Graz mit ihrer über 400-jährigen Geschichte sind das heute zentrale Forschungseinrichtungen für nachhaltige Energie- und Ressourcennutzung sowie Klimawandel.

100 Jahre zurück liegt die Erfindung der nach ihm benannten Wasserkraft-Turbine von Viktor Kaplan. Auch damit wurde die Wasserkraft damals wie heute zur ersten Quelle für sauberen Strom ohne Kohle, Öl und Gas.

Und noch heute, über einhundert Jahre später werden die weiterentwickelten Turbinen in der Steiermark produziert und weltweit exportiert. In Summe liefern heute steirische Wasserkraft-, PV- und Biomassetechnologien weltweit knapp 20 % des

---

[18] *Statistik Austria,* Forschungs- & Entwicklungsquote 2017 (2019).
[19] *Land Steiermark,* Forschungsstrategie Steiermark 2020 (2013).
[20] *Land Steiermark,* Wirtschafts- und Tourismusstrategie Steiermark 2025 (2016).

grünen Stroms, gleich viel wie Indien mit seinen 1,3 Milliarden Einwohnern verbraucht. Ein global wirksamer Beitrag im Klimaschutz.[21]

Fotos: TU Graz, MUL, Wikipedia, SOLID, Saubermacher, Komptech

Abbildung 3: Über 200 Jahre grüne Innovationen aus dem grünen Herz

Die Zivilgesellschaft und die Stahlkrise in den 70er und 80er Jahren des vergangenen Jahrhunderts führten zum nächsten Innovationsschub. Aus den Solarkollektor-Selbstbaugruppen entwickelte sich die heutige AEE INTEC in Gleisdorf, die wichtigste private Forschungseinrichtung der Steiermark im Bereich erneuerbare Energien und Gebäude.

Die Pioniere der getrennten Mülltrennung haben mit den Hochschulen und Unternehmen zu Innovationen für das Recycling gesorgt, daraus sind starke Unternehmen erwachsen. Diese Maschinen und Anlagen zur Aufbereitung von Alt-Papier, -Glas, -Kunststoff oder -Metallen zu neuen Rohstoffen sind Exportschlager.

4.1.2   Die Position in Europa und Österreich

Die IEA „Internationale Energie Agentur" reiht Österreich im Bereich Energieforschung in die Gruppe der „Strong Innovators". Mit Aufwendungen von rund 0,04 % des BIP für die Energieforschung liegt Österreich im Jahr 2018 auf Platz 9 im Ranking der 38 IEA Nationen. Zum „Innovation Leader" ist hier noch deutlich Luft nach oben.[22]

Themenübergreifend reiht das European Innovation Scoreboard Österreich auf Platz 8 unter den Mitgliedsstaaten ebenfalls als „Strong Innovator".[23]

---

[21] *Green Tech Cluster*, Erhebung der globalen Wirkung steirischer Technologien (2018).
[22] *IEA,* Energy Policy Review – Austria 2020 (2020).
[23] *Europäische Kommission,* European Innovation Scoreboard (2020).

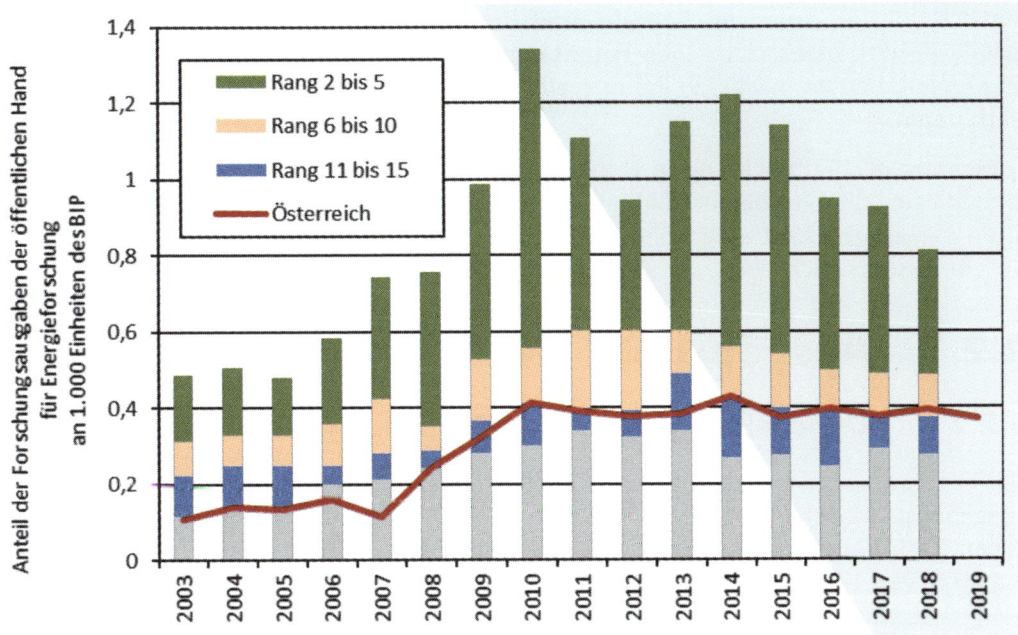

Abbildung 4: Energieausgaben gemessen am BIP im internationalen Vergleich[24]

Die jährliche Erhebung der Energieforschungsausgaben der öffentlichen Hand von Bund und Ländern, die den Großteil im Bereich Nachhaltigkeit ausmachen, weist für Österreich im Jahr 2019 rund € 149,1 Mio aus. Damit sind die Ausgaben gegenüber dem Vorjahr nominal leicht gesunken.

ACHTUNG

Die F&E Ausgaben der öffentlichen Hand in Österreich für Energieforschung sind gemessen am BIP sowie relativ zu anderen Forschungsbereichen gesunken.

Über das letzte Jahrzehnt sind die öffentlichen Energieforschungsausgaben gemessen am BIP leicht zurückgegangen. Im Vergleich zu allen Forschungssaufwendungen ist der Anteil klar auf 3,4 % gesunken. Thematisch dominiert die Energieeffizienz, gefolgt von Erneuerbaren Energien, Übertragung & Speicherung sowie Querschnittsthemen. Die Mittel haben sich im Innovationszyklus mit bereits 15,5 % auf spätere Phasen verlagert, die Grundlagenforschung liegt nur mehr bei 6,4 %.

Österreichische Forschungseinrichtungen und Unternehmen haben sich ferner überdurchschnittlich stark an umwelt- und energierelevanten europäischen Forschungsprogrammen beteiligt.

Demgegenüber stehen erstmals erfasste, private Ausgaben der Unternehmen in der Höhe von € 681 Mio im Energiebereich, also das rund 4-fache (Datenbasis 2017).[25]

---

[24] *BMK,* Energieforschungserhebung 2019 – Ausgaben der öffentlichen Hand in Österreich (2020).

[25] *BMK,* Energieforschungserhebung 2019 – Ausgaben der öffentlichen Hand in Österreich (2020).

Jährlich werden rund 200 Energie- und Umwelt-Innovationen patentiert, das sind fast 11 % aller österreichischen Patentanmeldungen. Über ein Drittel der Unternehmen plant in den nächsten Jahren eine Ausweitung der F&E- und Innovations-Aktivitäten.[26]

Forschung und Entwicklung in Unternehmen wirkt: Bei zwei Drittel der Unternehmen hat sich die Wettbewerbsfähigkeit durch die Forschungs- und Innovationsaktivitäten verbessert. Und eine höhere F&E-Quote der Unternehmen führt zu höherem Beschäftigungswachstum.

4.2   Ausgeprägte F&E&I-Landschaft

4.2.1   Dynamisch wachsende Forschungseinrichtungen

Die Forschungs-, Entwicklungs- und Innovationslandschaft der Steiermark ist stark ausgeprägt. Innerhalb von 5 Jahren (2013-2018) konnte sich z.B. die Anzahl der Green Tech Forschenden alleine an den Hochschulen und Forschungseinrichtungen um 50 % von 1.200 auf rund 1.800 steigern.[27]

Forschungs-einrichtung	Forschungs-Schwerpunkte im Bereich Energie, Klima & Umwelt	Gesamtzahl Forschende darin
Technische Universität Graz	▪ Information, Communication & Computing Advanced Materials Science ▪ Mobility & Production ▪ Sustainable Systems & Nachhaltiges Bauen ▪ Zukunftsfähige Energiesysteme ▪ Smart Cities and Regions & Digitales, automatisiertes Bauen	~1.000
Montanuniversität Leoben	▪ High Tech Werkstoffe Biorohstoffeinsatz in Verfahrenstechnik-Produktion ▪ Nachhaltige Rohstoffversorgung ▪ Energiesystemtechnik ▪ Dekarbonisierung der Industrie ▪ Power to X ▪ Kreislaufwirtschaft	~450
Joanneum Research	▪ Urban Living Lab Green Electronics – Flexible organische Elektronik ▪ Piezoelectric Energy Harvesting ▪ Surface structures for low friction air, gas and liquid flow ▪ Nachhaltige Energiesysteme und Lebensstile ▪ Internationale Klimapolitik und -ökonomie ▪ Chemo-Biosensoren und Mikrofluidik	~160

[26] *BMVIT*, Österreichische Umwelttechnik – Motor für Wachstum, Beschäftigung und Export (2017).
[27] *Joanneum Research*, Green Tech Research Styria Science Plan 2018 – 2022 (2018).

Forschungs-einrichtung	Forschungs-Schwerpunkte im Bereich Energie, Klima & Umwelt	Gesamtzahl Forschende darin
Joanneum Research (Fortsetzung)	• Green Photonics and Photovoltaic • Cyber Security and Defence, Smart Grid Security • Connected Computing, IoT • Wetter- und Klimarisikomanagement • Technologie- und forschungspolitische Analysen • Wirtschaftliche Relevanz von Umweltgütern und -technologien	
KFU Karl-Franzens-Universität	• Enzymatische/Biokatalytische Umsetzungen Wasserressourcen und Klimawandelanpassung • Climate Change (va Wegener Center) • Sustainable Transformation • Transformation des Energiesystems • Geothermie: Energienutzung und -speicherung	~140
AEE INTEC	• Thermische Energiespeicher Wassermanagement und Ressourcenrückgewinnung • Energieeffizienz und erneuerbare Energie für Industrie • Energiesystemanalysen & netzgebundene Energieversorgung • Energie-Flexibilität und multifunktionale Gebäudehüllen	~60
FH JOANNE-UM	• Leistungselektronik & Umformung elektrischer Energie • Energieversorgung zukünftiger High-Tec-Technologien • Ressourcenschonung im Städtebau • Nachhaltige Lebensmittelsysteme • Service Engineering • GreenIT, Big Data & Business Analytics • Optimierung von Gebäuden im Lebenszyklus & Revitalisierung • Intelligente Mobilitätssysteme	~60

Tabelle 1: Steirische Forschungseinrichtungen mit Fokusfeldern & Anzahl Forschender[28]

4.2.2   Fokusthemen im Green Tech Research Science Plan

Die genannten steirischen Forschungseinrichtungen sind im Forschungsverbund Green Tech Research seit rund 2012 vereint. Neben dem strategischen Austausch wurde mit dem Green Tech Research Science Plan eine Forschungsagenda für die Jahre 2018 bis 2022 erarbeitet und steht unter www.greentechresearch.at zum

---

[28] *Joanneum Research,* Green Tech Research Styria Science Plan 2018–2022 (2018).

Download bereit. Joanneum Research koordinierte, weitere Partner aus Wirtschaft und Verwaltung waren beteiligt.

Grüne Technologien und ganzheitliche Lösungsansätze, die heute in der Steiermark auf hohem wissenschaftlichem Niveau entwickelt werden, tragen in der Zukunft nicht nur zur wissenschaftlichen Führungsrolle sondern auch zur Schaffung hochwertiger Arbeitsplätze bei.

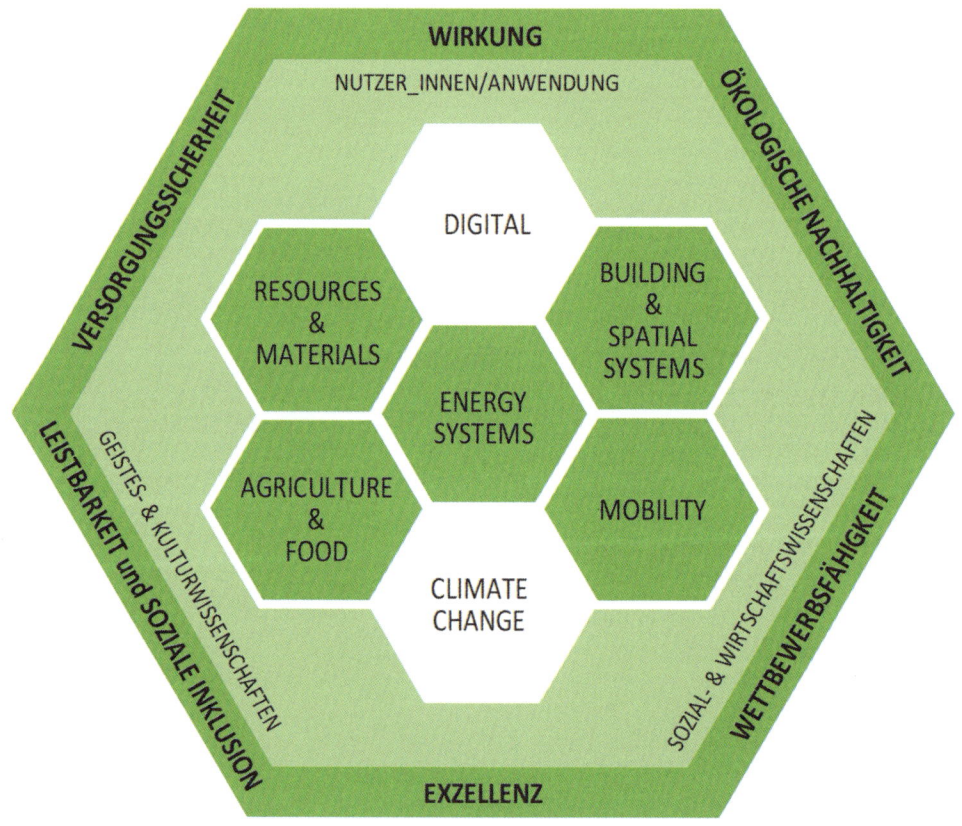

Abbildung 5: Fokusthemen des Green Tech Research Science Plan 2022 samt Rahmenbedingungen

Die thematischen Schwerpunkte wurden auf Basis bestehender Stärken, künftiger Chancen und Forschungsbedarfe sowie der Strategien von Unternehmen und Forschungseinrichtungen definiert. So sollen zukunftsfitte Lösungen entstehen. Dieser Science Plan zur Stärkung der steirischen Forschungslandschaft ist eingebettet in einen österreichischen, europäischen sowie globalen Kontext.

Die sieben Fokusthemen stehen in wechselseitigen Beziehungen zueinander und zielen auf das Ineinandergreifen von technischen Wissenschaften, Sozial- und Wirtschaftswissenschaften sowie Geistes- und Kulturwissenschaften. Mit integrierten Lösungen soll so gemeinsam eine künftige nachhaltige und klimaneutrale Gesellschaft mitgestaltet werden.

Fokusthemen	Subthemen
Energy Systems	<ul><li>Industrielle Prozesse und Energiesysteme</li><li>Gesamtsystemeffizienz durch Sektorkopplung</li><li>Speicher- und Umwandlungstechnologie</li><li>Weiterentwicklung Erneuerbare und neue Erneuerbare</li></ul>
Resources & Materials	<ul><li>Kreislaufwirtschaft und Ressourcenrückgewinnung</li><li>Biobasierte Industrie & biogene Rohstoffe</li><li>Wasser & Boden</li><li>Innovative Materialien & Oberflächen</li></ul>
Mobility	<ul><li>Automatisiertes Fahren</li><li>Neue Antriebe und Fahrzeugkonstruktionen</li><li>E-Mobility und Komponenten</li><li>Mobilitätsverhalten</li><li>Verkehrsplanung und Verkehrssysteme</li></ul>
Building & Spatial Systems	<ul><li>Integrated Building</li><li>Quartiere, Raumplanung und Regionalentwicklung</li><li>Nachhaltige Werkstoffe und Bausysteme</li><li>Gestaltung und Nutzerintegration</li><li>Digitalisierung des Bauwesens</li></ul>
Agriculture & Food	<ul><li>Risikomanagement in der Landwirtschaft</li><li>Nachhaltige Lebensmittelsysteme und -technologien</li><li>Biomassebereitstellung für Biobased Industries</li><li>Digitalisierung der landwirtschaftlichen Wertschöpfungsquelle</li></ul>
Climate Change	<ul><li>Nachhaltige Transformation: Adaption & Mitigation, Damage & Loss</li><li>Climate Services und Modellierung</li><li>Business Models und Governance</li></ul>

Tabelle 2: Green Tech Research Fokusthemen und Subthemen im Science Plan 2022

4.2.3   Führend bei der Kooperation mit Unternehmen

Die Steiermark ist hier wohl etwas eigen: Besuchende aus dem Ausland sind oft überrascht über die ausgeprägte Zusammenarbeit, die sie „zu Hause so nicht kennen": die aktive Kooperation von Forschung und Wirtschaft am Weg hin zu Innovationen und Technologieführerschaft.

Zentrales Instrument für die mittel- und langfristige Zusammenarbeit von Forschung und Wirtschaft zu einem bestimmten Thema ist das COMET-Programm der FFG Forschungsförderungsgesellschaft. Darin ist die Steiermark mit der Hälfte aller COMET-Zentren/-Projekte/-Module, die ihren Hauptsitz hier haben, sehr erfolgreich.[29] Bei Filterung jener COMET-Teile mit einem ausgeprägten oder ausschließlichen Fokus auf Energie, Umwelt und Nachhaltigkeit sind das sogar drei Viertel, siehe Grafik. Hier ist die Steiermark also ganz klar der Hotspot Österreichs.

---

[29] FFG, Comet Landkarte (2019).

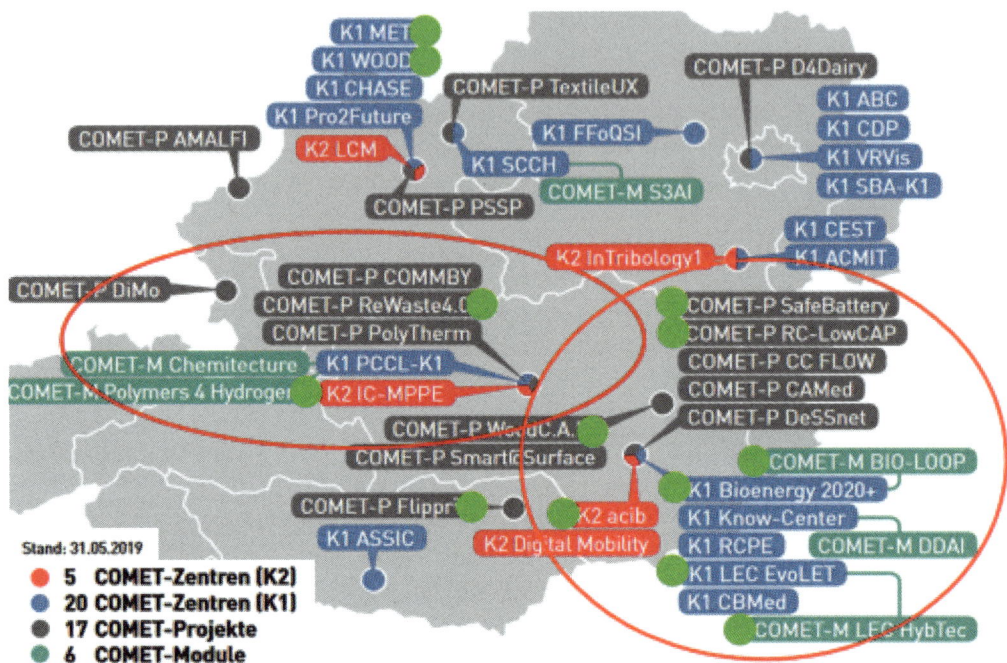

Abbildung 6: In der Steiermark sind 10 von 13 „grünen Kompetenzzentren" Österreichs
(markiert mit grünem Punkt)

Die Kompetenzen fügen sich gut in die Themen des Green Tech Research Science Plans ein. Im Bereich Energy Systems erarbeitet etwa das K1 Zentrum Best Research (vormals Bioenergy 2020+) erstmals ein CO_2-negatives Biomasse-Verbrennungssystem ebenso wie Kraftstoffe auf Biomasse-Basis. Ebenso an der Nahtstelle von Energy Systems and Mobility entwickelt das LEC Large Engines Competence Center (K1) um 97 % CO_2-reduzierte Schiffsantriebssysteme. Im Bereich Resources & Materials entwickelt ReWaste 4.0 neue, digitale Recyclinglösungen sowie das K2-Projekt acib umweltfreundlichere Industrieprozesse für mehrere Branchen.

Weiters sind aber auch Spill-Over-Effekte von anderen Kompetenzzentren zu beobachten, wie etwa vom K1 Know-Center im gemeinsamen FFG-Innovationslehrgang mit der FH Joanneum zu „Green Big Data".

Auf Bundesebene bündelt das Programm „Vorzeigeregion Energie" des Klima- und Energiefonds den Großteil der Energieforschungsmittel für großflächige Leuchtturmprojekte der Energiewende. Die drei thematischen Vorzeigeregionen erhalten zusätzlich zu den Förderungen, Investitionen aus der Wirtschaft und den Bundesländern. In der ersten Runde sind rund 44 % davon an steirische Unternehmens- und Forschungs-Partner gegangen.

Konkret demonstriert die AEE INTEC in der Vorzeigeregion „Green Energy Lab" z.B. grüne Fernwärmesysteme für Weiz, Gleisdorf und Leibnitz. In „NEFI New Energy for Industry" unterstützt va die Montanuniversität Leoben Unternehmen bei der Energiewende mit Energieeffizienz und dem Einsatz von bis zu 100 % erneuerbarer Energie. Im österreichweiten Konsortium „WIVA" spielt das HyCentA der TU Graz als das österreichweite Kompetenzzentrum für mobile und stationäre Wasserstoffanwendungen eine entscheidende Rolle.

4.2.4 Hohe Dichte an innovativen Unternehmen

In der Steiermark arbeiten über 200 Unternehmen im Green Tech Cluster an neuen Lösungen in der Energie- und Umwelttechnik. In Summe erzielen die Unternehmen mit 25.000 Beschäftigten einen Jahresumsatz von über € 5 Mrd ausschließlich in der Energie- und Umwelttechnik.[30] Innerhalb von zehn Jahren hat sich deren grüner Umsatz verdreifacht und die Beschäftigung verdoppelt. Die steirischen Green Tech Unternehmen wuchsen damit deutlich schneller als die Weltmärkte.

Zentrale Treiber dafür sind neben der 90 % Exportquote vor allem Pionier- und Innovationsleistungen der Unternehmen, die zentral auf die aktive Kooperation mit der oben angeführten Forschungslandschaft zurückgeht. Mittlerweile sind hier rund 20 Technologieführer in diesem Bereich entstanden oder haben sich angesiedelt, viele davon mit starken Forschungseinheiten, Technika und Innovationszentren. Ein amerikanischer Fachjournalist hat 2010 und 2012 diese Region als „Green Tech Valley" quasi geadelt und den Cluster als Nr 1 gerankt.[31] Im Green Tech Cluster wurden in den letzten 5 Jahren 113 industrielle Innovationsprojekte als Schlüssel für das grüne Wachstum der Zukunft initiiert.

4.3 Grünes Herz wird Green Tech Valley

4.3.1 Chancen, Chancen, Chancen

Der weiß-grüne Erfindergeist darf sich nicht auf Lorbeeren ausruhen. Die Zukunft birgt Herausforderungen, va aber viele Chancen: die globale Strom-, Wärme- und Mobilitätswende sowie das Lenken der Ressourcen in echte Kreisläufe.

Der europäische Grüne Deal ist der Masterplan hin zu einer sauberen und kreislauforientierten Wirtschaft mit Umwelt- und Klimaschutz. Das Gesamtinvestitionsvolumen, welches hier die kommenden 7 Jahre bewegt werden soll, zielt auf bis zu € 1.000 Mrd ab. So sollen rund 25 % des EU-Budgets klimawirksam verwendet werden.[32]

---

[30] *Green Tech Cluster,* Konjunkturerhebung 2019 (2020).
[31] *Lesser/Shawn,* Global Cleantech Directory 2012 (2012).
[32] *Europäische Kommission,* Green New Deal (2020).

Abbildung 7: Der europäische Grüne Deal

Klima- und Kreislaufwirtschafts-Innovationen werden durch die europäische Entwicklung beschleunigt, allen voran in den Kernbereichen Energieeffizienz, Erneuerbare Energien, Recycling, nachhaltige Gebäude, Mobilität sowie klimaneutrales Wirtschaften.

Der Green Deal bietet damit gleich in mehreren wirtschaftlichen Stärkefeldern der Steiermark große Entwicklungs- und Innovationschancen, va im Bereich der Mobilität, der Holzwirtschaft oder der Mikroelektronik.

Die Steiermark ist mit den aktuellen F&E-Kapazitäten sowie den Unternehmen in einer Poleposition, um als zentraler Lösungsanbieter für die Green Deal Umsetzung in den Bereichen Energie, Mobilität, Gebäuden oder Ressourcen zu reüssieren.

Roland Berger Strategy Consultants erwartet eine positive Entwicklung der Weltmärkte für Erneuerbare Energien um + 6,9 % pro Jahr bis 2025 auf € 5.900 Mrd. Ebenfalls ein starker Schub für Innovationen.[33]

Im neuen Bundesministerium für Klimaschutz, Umwelt, Energie, Mobilität, Innovation und Technologie sind erstmals die Kompetenzen für Klima, Energie- und Umwelttechnik sowie Innovation in einem Ministerium vereint. Dadurch kann und soll Österreich eine klare Strategie hin zum „Innovation Leader" mit starken wirtschaftlichen und ökologischen Effekten entwickeln und umsetzen.

---

[33] *Roland Berger Strategy Consultants,* GreenTech made in Germany 2018 – Umwelttechnik-Atlas für Deutschland (2018).

4.3.2   Am Weg zum Hotspot

„1.000 zusätzliche Forschende bis 2025 alleine in diesem Bereich", so lautet das gemeinsam formulierte steirische Ziel im Zuge der Green Tech Cluster Strategie 2025.[34] Aufbauend auf aktuell 1.800 an den Forschungseinrichtungen sowie einer wohl ähnlich hohen Anzahl in den Unternehmen entspricht dieses Ziel einem massiven Ausbau zu einem internationalen „Hotspot for Climate & Circular Solutions".

ACHTUNG

1.000 zusätzliche Forschende bis 2025 sollen die Profilbildung weiter vorantreiben.

Zentrale Weichenstellungen dazu sind die weitere Stärkung der Profilbildung und Spitzenforschung, der Ausbau der Rolle in europäischen Netzwerken, effektiveres Innovieren, der kooperative Fokus auf Lösungen, ein Schub bei den Forschungsmitteln sowie das aktive Ansiedeln von unternehmerischen Innovationszentren.

4.3.3   Energiewende braucht Wende bei Forschungsmitteln

Angesichts der Dringlichkeit von Klimaschutz und der damit verbundenen Wertschöpfungschancen brauchen die relativ sinkenden Mittel für Energieforschung (*siehe oben*) nun eine Wende, von der Grundlagenforschung bis hin zur Demonstration. Mit den aktuellen Ankündigungen der EU als auch des BMK ist diese Steigerung zwar erwartbar, aber in der klaren Ausprägung noch umzusetzen. Das Ziel, hier in die Top 3 im internationalen IEA-Ranking als „Innovation Leader" aufzusteigen, muss dabei die klare Richtschnur für das Ausmaß der Erhöhung ein.[35]

Die Initiative des Wissenschafts- und Wirtschaftsressorts des Landes Steiermark mit der Zukunftsfonds-Ausschreibung „Green Tech 100" zeigt, wie wichtig dieser Schub nun ist: Trotz Rekordvolumen von € 3,5 Mio war der aktuelle Call von den steirischen Forschungseinrichtungen massiv überzeichnet.

Neben Energie bestehen va im Bereich der Kreislaufwirtschaft inkl Recyclinglösungen hohe Chancen, die in einem österreichweiten Entwicklungs- und Demonstrationsprogramm mit entsprechender Dotierung genutzt werden sollen.

4.3.4   Exzellentes Forschungsprofil vorantreiben

Die weitere Profilbildung mit exzellenter Forschung in Teilfeldern der bisherigen Fokusthemen ist voranzutreiben, um auch auf diesem Wege Talente anzuziehen und zu halten.

Hier ist die internationale Vernetzung und Teilnahme an europäischen Chancen zu forcieren, seien es die Beteiligung an Vorhaben von gemeinsamem europäischem

---

[34] *Green Tech Cluster,* Strategie 2025 (2020).
[35] *BMVIT,* ENERGIE - Forschungs- und Innovationsstrategie (2017).

Interesse (IPCEI Important Projects of Common European Interest), Mission Innovation, SET-Plan sowie die neuen Programme in Horizon Europe. Gerade die regionalen EFRE-Mittel können hier zusätzliche Weichen stellen.

Neue COMET-Zentren etwa im Bereich Wasserstoff sowie Recycling sind ebenso Puzzlesteine zur Profilbildung. Demonstrationsprojekte in den Vorzeigeregionen Energie sowie ein Leitprojekt „Circular Future" im Bereich Kreislaufwirtschaft machen integrierte Lösungen auch für internationale Technologienachfrager angreifbar.

Die Dynamik beim Ausbau von Forschungsinfrastrukturen auch im privaten Bereich soll forciert werden. Aktuelle Ansiedelungen etwa des VERBUND in Mellach oder der ANDRITZ mit neuem Technikum in St. Michael/Leoben forcieren die Profilbildung in den Fokusthemen.

4.3.5 Wirksamer Innovieren: Digital, integriert, fokussiert

Die Output-Dynamik Österreichs im Bereich Innovation liegt hinter dem Input zurück.[36] Hier liegt hohes Potenzial für effektiveres Innovieren, welches schneller und am Markt wirksamer wird.

Dies bringt starke Implikationen für die angewandte und kooperative Forschung. Im Fokus stehen von Anfang an Missionen für integrierte und kunden- sowie marktzentrierte Lösungen statt Einzeltechnologien. Die Prozesse werden unterbrechungsfrei digital und die Zusammenarbeit standardmäßig disziplinenübergreifend sein. [37]

 TIPP

Mit der „Plug & Play Innovation Box" werden mit 20 Tools wie Lean Canvas, Design Thinking, User-Tests, Data Service Cards und Innovationskultur-Karten kundenzentrierte Lösungen entwickelt. www.greentech.at/innovationsbox

Die steirische Stärke und der Science Plan Green Tech Research sind eine gute Basis für diese aktive Transformation hin zu schnellem & effektivem Innovieren. Die Umsetzung ist hier zu verstärken und das Zusammenspiel im gesamten Innovationsökosystem muss noch agiler, einfacher und fokussierter werden. Gerade die crosssektoralen Verknüpfungen außerhalb der jeweiligen Logiken bieten spannende Chancen.

Initiativen für Spin-offs von den Forschungseinrichtungen, der Ausbau von Innovationsrahmenbedingungen sowie Sichtbarwerdung in den internationalen Ökosystemen sind weitere Etappen am Weg hin zum Innovations-Hotspot für Klimaschutz- und Kreislaufwirtschafts-Lösungen.

So wächst gemeinsam grüne Zukunft. Und das Green Tech Valley.

---

[36] *Rat für Forschung und Technologieentwicklung,* Wie geht es weiter? Vorschläge für die Gestaltung der Forschungsdekade 2020-2030 (2020).

[37] *Fraunhofer-Verbund Innovationsforschung,* Wandel verstehen – Zukunft gestalten, Impulse für die Zukunft der Innovation (2018).

Quellenverzeichnis

BMBDW et al, Österreichischer Forschungs- und Technologiebericht 2020 (2020).

BMK, Energieforschungserhebung 2019 – Ausgaben der öffentlichen Hand in Österreich (2020).

BMK, Energieinnovationen aus Österreich – Der Green Deal für eine klimaneutrale Zukunft (2020).

BMNT et al, Bioökonomie – Eine Strategie für Österreich (2019).

BMNT und BMVIT, #mission2030 – Die Österreichische Klima- und Energiestrategie (2018).

BMVIT, ENERGIE – Forschungs- und Innovationsstrategie (2017).

BMVIT, Österreichische Umwelttechnik – Motor für Wachstum, Beschäftigung und Export (2017).

Europäische Kommission, European Innovation Scoreboard (2020).

Europäische Kommission, Green New Deal (2020).

FFG, Comet Landkarte (2019).

Fraunhofer-Verbund Innovationsforschung, Wandel verstehen – Zukunft gestalten, Impulse für die Zukunft der Innovation (2018).

Green Tech Cluster, Erhebung der globalen Wirkung steirischer Technologien (2018).

Green Tech Cluster, Konjunkturerhebung 2019 (2020).

Green Tech Cluster, Strategie 2025 (2020).

IEA, Energy Policy Review – Austria 2020 (2020).

IRENA, Accelerating the Energy Transition through Innovation (2017).

Joanneum Research, Green Tech Research Styria Science Plan 2018–2022 (2018).

Land Steiermark, Forschungsstrategie Steiermark 2020 (2013).

Land Steiermark, Klima- und Energiestrategie Steiermark 2030 (2018).

Land Steiermark, Wirtschafts- und Tourismusstrategie Steiermark 2025 (2016).

Lesser, Shawn, Global Cleantech Directory 2012 (2012).

Österreichische Bundesregierung, Regierungsprogramm 2020–2024 (2020).

Rat für Forschung und Technologieentwicklung, Wie geht es weiter? Vorschläge für die Gestaltung der Forschungsdekade 2020–2030 (2020).

Roland Berger Strategy Consultants, GreenTech made in Germany 2018 – Umwelttechnik-Atlas für Deutschland (2018).

Statistik Austria, Forschungs- & Entwicklungsquote 2017 (2019).

Steiermärkische Landesregierung, Agenda Weiß-Grün (2019).

Kapitel 5
Kreislaufwirtschaft und ihre Herausforderungen in der Steiermark

Univ.-Prof. Roland Pomberger, Lehrstuhlleiter Abfallverwertungstechnik und Abfallwirtschaft an der Montanuniversität Leoben

5.1   Das Verhältnis von Kreislaufwirtschaft, Abfallwirtschaft und Ressourcenbewirtschaftung

Kreislaufwirtschaft ist ein Modell der Produktion und des Verbrauchs, bei dem bestehende Materialien und Produkte so lange wie möglich geteilt, geleast, wiederverwendet, repariert, aufgearbeitet und recycelt werden. Auf diese Weise wird der Lebenszyklus der Produkte verlängert. In der Praxis bedeutet dies, dass Abfälle auf ein Minimum reduziert werden. Nachdem ein Produkt das Ende seiner Lebensdauer erreicht hat, bleiben die Ressourcen und Materialien so weit wie möglich in der Wirtschaft. Die Kreislaufwirtschaft steht im Gegensatz zum traditionellen, linearen Wirtschaftsmodell („Wegwerfwirtschaft"). Dieses Modell setzt auf große Mengen billiger, leicht zugänglicher Materialien und Energie.

Abfallwirtschaft kann als Teilgebiet der Kreislaufwirtschaft verstanden werden, in dem der Umgang der Gesellschaft mit ihren zu entledigenden Stoffwechselprodukten („*Abfällen*") organisiert wird. Die im österreichischen Abfallwirtschaftsgesetz (§ 1 AWG 2002) festgelegten Ziele sind weiterhin gültig und definieren das Arbeitsgebiet der Abfallwirtschaft unter den Prinzipien der Nachhaltigkeit und Vorsorge indem,

- schädliche oder nachteilige Einwirkungen auf Mensch, Tier und Pflanze, deren Lebensgrundlagen und deren natürliche Umwelt vermieden oder sonst das allgemeine menschliche Wohlbefinden beeinträchtigende Einwirkungen so gering wie möglich gehalten werden,

- die Emissionen von Luftschadstoffen und klimarelevanten Gasen so gering wie möglich gehalten werden,

- Ressourcen (Rohstoffe, Wasser, Energie, Landschaft, Flächen, Deponievolumen) geschont werden,

- bei der stofflichen Verwertung die Abfälle oder die aus ihnen gewonnenen Stoffe kein höheres Gefährdungspotenzial aufweisen als vergleichbare Primärrohstoffe oder Produkte aus Primärrohstoffen und

- nur solche Abfälle zurückbleiben, deren Ablagerung keine Gefährdung für nachfolgende Generationen darstellt.

Zur Erreichung der Ziele wurden im AWG basierend auf der Abfallrahmenrichtlinie Grundsätze in Form der 5-stufigen Abfallhierarchie festgelegt. Gerade die Verstärkung der 3 R`s *„ReUse"*, *„Recycling"* und *„Recovery"* stellen einen Kernpunkt der Europäischen Abfallstrategie dar.

Wesentliche Ziele der Kreislaufwirtschaft und der Abfallwirtschaft sind **Ressourcenschonung und Ressourceneffizienz**.

Bei der **Ressourcenschonung** geht es nicht ausschließlich um die Schonung bzw. die Reduktion des Verbrauchs natürlicher Primärrohstoffe, sondern – in Abhängigkeit von der gewählten Systemgrenze – um zahlreiche andere Themengebiete (z.B. Artenvielfalt, Flächenverbrauch, Emissionen, Klimaschutz, Abfallvermeidung, Ökodesign, Einsatz von Sekundärrohstoffen). Es stellt sich die Frage, ob unter Ressourcenschonung ausschließlich die *„Deckelung"* der in Summe produzierten Produkte/Güter verstanden wird oder auch Maßnahmen zur Ressourcen- bzw. Materialeffizienz und ein vermehrter Einsatz von Sekundärrohstoffen unter diesem Begriff subsumiert werden?

Die **Ressourceneffizienz** kann als Teilmenge der Ressourcenschonung angesehen werden. Die Ressourcenschonung als *„Grundmaxime"* verfolgt einen breiteren (makroökonomischen) Ansatz für die gesamte Volkswirtschaft (Gesamtverbrauch, ökologische Nachhaltigkeitsziele), während die Ressourceneffizienz auf den Materialeinsatz bei der Produktion von Gütern auf betrieblicher Ebene abzielt. Unter dem Begriff der Ressourcenschonung sind also *„zielgerichtete Maßnahmen zusammengefasst, die der Realisierung von Nachhaltigkeitszielen dienen"*. Das heißt aber auch, dass eine erhöhte Ressourceneffizienz nicht zwangsläufig zur Ressourcenschonung (geringerer Gesamtverbrauch) beiträgt, z.B. wenn zugleich die Produktionsraten erhöht werden.

Abfallbewirtschaftung muss sich heute geänderten Anforderungen stellen. Die Zukunft der Abfallwirtschaft wird – auch auf Landesebene – in ihren Zielen durch die zunehmende Ressourcenknappheit und den voranschreitenden Klimawandel zur Neuausrichtung gefordert und in der praktischen Umsetzung durch eine zunehmende Rationalisierung und Digitalisierung bestimmt. Darüber hinaus stellen die demographische Entwicklung und ein sich änderndes Konsumverhalten insbesondere die Bewirtschaftung der Siedlungsabfälle vor neue Herausforderungen.

Der Bericht *„Global Waste Management Outlook"* des Umweltprogramms der Vereinten Nationen (United Nations Environment Programme – UNEP) gemeinsam mit der International Solid Waste Association (ISWA) wurde im Jahr 2015 veröffentlicht. Darin werden die Trends, Chancen und Risiken der globalen Abfallwirtschaft näher beleuchtet. Der Bericht unterstreicht die Bedeutung der Abfallwirtschaft für die Daseinsvorsorge: Eine wirkungsvolle Abfallbewirtschaftung ist ein wesentlicher Bestandteil für das Funktionieren einer Gesellschaft. Eine schlechte Abfallbewirtschaftung resultiert in akuten Problemen (z.B. Infektionskrankheiten) mit hohen Folgekosten. Es wird geschätzt, dass die Folgekosten einer schlechten Abfallbewirtschaftung fünf- bis zehnmal höher sind als die Kosten einer funktionierenden Abfallwirtschaft in regulierten Systemen. Effiziente Abfallwirtschaft beruht im Allgemeinen auf einer Mischung aus direkter Regulierung, wirtschaftlichen Anreizen und gesellschaftlicher Sensibilisierung. Wesentlich dabei sind die prioritäre Behandlung der Abfallwirtschaft durch die Politik sowie die proaktive Festlegung langfristiger und schlüssiger Konzepte.

Abfallwirtschaft ist ein Querschnittsthema mit vielfältigen Auswirkungen auf Gesellschaft und Wirtschaft. Sie ist inhaltlich eng mit einer Vielzahl globaler Herausforderungen verknüpft und gilt daher als Einstieg zur Bewältigung einer Reihe von globalen und schwer zu bewältigenden Herausforderungen betreffend Gesundheit, Klimawandel, Armutsbekämpfung, Ernährung, Verfügbarkeit von Rohstoffen sowie nachhaltige Produktion und Konsum. In diesem Kontext setzt der Bericht die globalen Ziele der Abfallwirtschaft in Beziehung mit den Nachhaltigkeitszielen der Post-2015-Entwicklungsagenda (*„Agenda 2030"*) der Vereinten Nationen. Demnach sind die abfallwirtschaftlichen Ziele direkt oder indirekt in mehr als der Hälfte der 17 Nachhaltigkeitsziele (**Sustainable Development Goals**, SDGs) enthalten. Das betont die strategische Bedeutung der Abfallwirtschaft.

5.2 Prinzipien, Ziele und Grundsätze der ressourcenorientierten Abfallwirtschaft

Die Prinzipien und Ziele der österreichischen Abfallwirtschaft (AWG 2002) sollen nicht grundsätzlich infrage gestellt werden. Die neuen Herausforderungen der Ressourceneffizienz verstärken aber die Konflikte zwischen den Schutz- und Ressourcenzielen. **„100 % vorbeugender Schutz und 100 % Nutzung als Ressource geht nicht"**. Es gilt daher, in einem Diskussionsprozess Prioritäten und neue Indikatoren festzulegen, unter Berücksichtigung einer praxisorientierten Umsetzung der Abfallhierarchie.

Eine der Kernaufgaben aus Sicht der Abfallwirtschaft ist die Substitution von Primärrohstoffen mit qualitativ hochwertigen/gleichwertigen Sekundärrohstoffen. Zugleich gilt es aber auch, den Materialumsatz pro Bürger (zzt rund 22 Tonnen/Person und Jahr) zu reduzieren.

5.2.1 Zielkonflikte

Folgende Beispiele für Zielkonflikte können genannt werden:

- **Energieeffizienz**: Erhöhte Recyclingraten und hochwertige Recyclingprodukte bedingen zumeist erhöhte energetische Aufwendungen. Demzufolge ist eine alleinige Bewertung der Energieeffizienz ohne umfassende Lebenszyklusbetrachtung unzureichend.

- **Ressourceneffizienzparameter (Tonnen/BIP):** Länder mit einem geringeren Anteil des produzierenden Sektors an der Wirtschaftsleistung weisen naturgemäß eine höhere Ressourceneffizienz auf.

- **Kaskadische Nutzung von Abfällen:** z.B. Altholz: Biomasseverbrennung vs Holz- und Papierindustrie, Grenzen des Recyclings z.B. bei Kunststoffen und Altreifen.

- **Standortsicherheit:** Mögliche Beiträge der Abfallwirtschaft, um produzierende Betriebe in Österreich zu halten.

- **Verzicht:** Änderung der Konsumbedürfnisse.

- **Ökosteuer:** Ressourcensteuer (Internalisierung der Kosten).

Vor allem bestehende/kommende Lenkungsmaßnahmen und Fragen zum Ende der Abfalleigenschaft eingesetzter Sekundärrohstoffe und der damit verbundenen rechtssicheren Anwendung dieser Materialien, werden als wichtige Grundlage für die Ressourcenschonung in der Abfallwirtschaft angesehen. Die Förderung gewünschter Entwicklungen bzw. die Lenkung gewisser *„neuer"* Stoffströme kann mittelfristig nur durch neue Regulative/Lenkungsmaßnahmen erreicht werden.

5.2.2   Allgemeine Feststellungen zu ressourcenorientierter Abfall-/Kreislaufwirtschaft

Im Folgenden werden grundlegende Feststellungen und Forderungen dargestellt, die für die Umsetzung einer ressourcenorientierten Kreislaufwirtschaft aus wissenschaftlicher Sicht wichtig erscheinen.

- **Grundsatz einer kaskadischen Nutzung (Lebenszyklen verlängern):** Produkte sollten so gestaltet werden, dass sie zur Deckung der Bedürfnisse der Bevölkerung möglichst lange genutzt werden können. Sekundärrohstoffe aus nicht mehr nutzbaren Produkten sollten möglichst hochwertig wieder zur Produktion neuer Produkte eingesetzt werden. Abfälle, die am Ende nicht mehr stofflich genutzt werden können, sind energetisch zu verwerten, sofern sie eine positive Energiebilanz aufweisen.

- **Lenkungsmaßnahmen sind notwendig:** Der (volkswirtschaftliche) Umweltnutzen geht meist nicht in die „ökonomische (marktwirtschaftliche) Rechnung" ein, Entwicklungen der Rohstoffmärkte und Verbote (z.B. Deponieverbot) haben selbstverständlich Einfluss auf den Einsatz von Sekundärrohstoffen und ein vermehrtes Recycling, dennoch gilt es, weitere Lenkungsmaßnahmen zu etablieren, um vor allem in noch nicht etablierten Bereichen ein Recycling zu fördern.

- **Aus etwas Heterogenem etwas Homogenes machen:** Dies ist eine Kernaufgabe der Abfallwirtschaft. Problemfälle sind meist die gemischten, nicht sortenrein (in ausreichender Menge) erfassten Abfallströme. Hier stellt sich vielfach die Frage der wirtschaftlichen Rahmenbedingungen und Entwicklung von Technologien. Als (ökonomische) Best-Practice-Beispiele (Business Cases) werden der qualitätsgesicherte Ersatzbrennstoffeinsatz in der Zementindustrie, Metall- und Schrotthandel sowie Beton-, Aluminium-, Glas- und Papierrecycling genannt.

- **Die Sammlung richtet sich nach den Verwertungsmöglichkeiten:** Wenn etwas eine bestimmte Homogenität hat, finden sich auch ausreichend qualitative Verwertungsmöglichkeiten. Es wird eine gewisse Grundmenge benötigt, um wirtschaftlich arbeiten zu können.

- **Recycling muss sich rechnen:** Es muss einen Markt für die Sekundärprodukte geben, Märkte müssen aber auch (aktiv) entwickelt werden.

- **Vorreiter- und Pilotprojekte sollen gefördert werden:** Innovative Verfahren sollten gezielt gefördert werden. Es bedarf einer Entwicklung von Branchenlösungen (Logistik, Materialzusammensetzung), um marktfähige Verfahren und Anlagen zu ermöglichen.

- **Gezielte rückbaubare Lager ermöglichen:** Die gezielte Lagerung von noch nicht verwertbaren Abfallströmen mit potenziellem Rohstoffinhalt sollte ermöglicht werden, sofern neue Verwertungstechnologien erwartet werden können (Sekundärlagerstätten, Landfill Mining, Deponie-Rückbau).

- **Mit volatilen Rohstoffmärkten umgehen können:** Sekundärrohstoffmärkte korrelieren teilweise stark mit den primären Rohstoffmärkten. Die internationalen Rohstoffpreise unterliegen großen Schwankungen und haben zunehmend großen Einfluss auf die Kostenstruktur und die Absatzmärkte von Behandlungs- und Recyclinganlagen. Geeignete ökonomische Modelle und Instrumente müssen angewendet werden um diese ökonomischen Risiken zu bewältigen.

5.3 Die dynamische Entwicklung der Europäischen Abfallwirtschaft

5.3.1 Abfallwirtschaftliche Rahmenbedingungen auf EU-Ebene

Die Richtlinie 2008/98/EG des Europäischen Parlaments und des Rates über Abfälle und zur Aufhebung bestimmter Richtlinien (Abfallrahmenrichtlinie der EU 2008) legt auf rechtlicher Ebene die Abfallbewirtschaftung der einzelnen Mitgliedstaaten fest. Durch Maßnahmen sollen nicht nur die Umwelt geschützt und natürliche Ressourcen geschont werden, sondern auch die Europäische Union in eine *„Recycling-Gesellschaft"* überführen.

Zentrale Inhalte sind, unter anderem, Begriffsbestimmungen zur Abfallwirtschaft, wie das Ende der Abfalleigenschaft, das Abfallverzeichnis, Verwertung, Recycling, Beseitigung und Vermeidung von Abfällen, sowie die neu definierte Abfallhierarchie, als Grundbaustein für eine *„Recycling-Gesellschaft"* der Mitgliedstaaten. Außerdem legt die Abfallrahmenrichtlinie Maßnahmen für die Mitgliedstaaten fest, mit denen bestimmte Recyclingquoten erreicht werden sollen.

Die Abfallhierarchie (*Abbildung 8*) gilt als Fundament der Abfallbewirtschaftung zur Erreichung der Recycling-Ziele. Sie definiert die Priorisierung der Handhabung von Abfällen, wobei ein Produkt oder ein Stoff während des ganzen Lebenszyklus betrachtet werden soll.

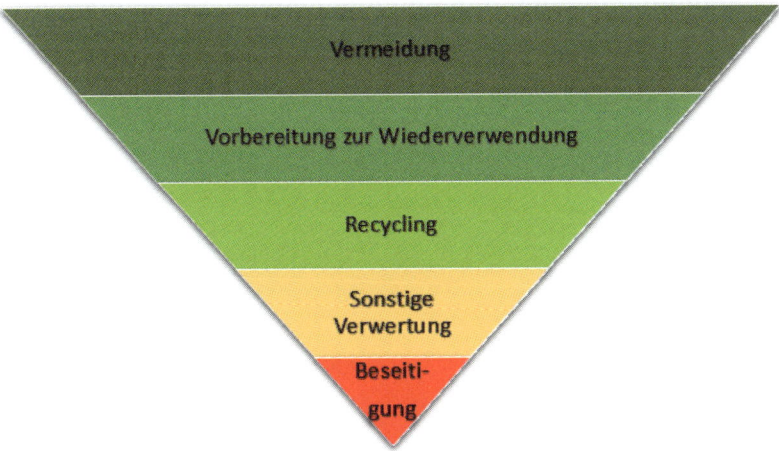

Abbildung 8: Die 5-stufige Abfallhierarchie

5.3.2   Das Kreislaufwirtschaftspaket der Europäischen Union

Ende Mai 2018 wurde die Änderung der Richtlinie 2008/98/EG über Abfälle beschlossen und gilt als Fundament der neuen Recycling-Ziele für die Mitgliedstaaten der Europäischen Union. Die Europäische Union soll in eine kreislauforientierte Wirtschaft übergehen, wobei zusätzliche und verstärkte Maßnahmen zur Umweltschonung und zur effizienteren Ressourcennutzung getroffen wurden.

Der Fokus zum Übergang in eine nachhaltigere Materialwirtschaft liegt besonders auf dem Lebenszyklus von Produkten, demnach von der Erzeugung bis zum Verbrauch, wobei auch Treibhausgasemissionen verringert, erneuerbare Energie gefördert und wirtschaftliche neue Chancen geschaffen werden sollen. Die Mitgliedstaaten dürfen jedoch selbst festlegen, welche Maßnahmen sie zur Erreichung der Ziele durchführen, wobei die Kommission diese nach strengen Kriterien überprüft. Sie sind angehalten, die Maßnahmen so umzusetzen, dass der Abfall als Ressource betrachtet wird und Verwertungsverfahren bestmöglich sichergestellt werden.

Bereits 2015 wurden durch einen Aktionsplan der Europäischen Union Maßnahmen von der Produktgestaltung bis zum Konsum vorgeschlagen. Das oberste Ziel ist es von einer *„Wegwerfgesellschaft"* in eine *„Kreislaufwirtschafts-Gesellschaft"* überzugehen. Das Design eines Produktes soll so gestaltet werden, dass es nicht nur besser repariert bzw. wiederverwendet werden kann, sondern auch die verwendeten Materialien weniger komplex sind, um ein optimales Recyclingverfahren durchführen zu können. Dadurch sollen Primärressourcen geschont, CO_2 eingespart und, durch neue mögliche Innovationen von Prozessen und Instrumenten in der Industriebranche, der wirtschaftliche Wettbewerb Europas gestärkt werden. Ziel ist es die Vermeidung, Wiederverwendung und das Recycling von Siedlungs- und Verpackungsabfällen zu fördern, sowie die Deponierung von Abfällen bestmöglich gering zu halten.

Mit Zielen, wie das Ankurbeln der Wirtschaft, Verpackungsressourcen effizient zu nutzen und Abfälle einzudämmen, wurden für die Mitgliedstaaten, zusammen mit der Abfallrahmenrichtlinie, höhere Masseprozente für das Recycling von Siedlungs- und Verpackungsabfällen zur Erreichung des Ziels einer Kreislaufwirtschaft festgelegt.

Siedlungs- und Verpackungsabfälle	2025	2030	2035
Siedlungsabfälle	55 %	60 %	65 %
Kunststoff	50 %	55 %	
Eisenmetalle	70 %	80 %	
Papier und Karton	75 %	85 %	
Aluminium	50 %	60 %	
Glas	70 %	75 %	
Holz	25 %	30 %	
Verpackungen gesamt	65 %	70 %	75 %

Tabelle 3: Im Rahmen der Änderungen der EU Abfallrahmen- und Verpackungsrichtlinie festgelegte Recyclingquoten für Siedlungs- und Verpackungsabfälle[38]

Lagen die zu erreichenden Quoten für Siedlungsabfälle in der Richtlinie noch bei 50 % bis 2020, sind es in den Änderungen bis 2025 schon 55 % und bis 2035 65 %. Spezifische Quoten für Kunststoff, Eisenmetalle, Papier, Aluminium, Glas und Holz, wie in *Tabelle 3* ersichtlich, wurden ebenso definiert.

5.3.3   Abfallwirtschaftliche Entwicklung in der EU

In der Europäischen Union fallen innerhalb der 28 Mitgliedstaaten insgesamt rund 2,5 Milliarden Tonnen Abfälle an. Davon entfällt ein Zehntel des gesamten Aufkommens auf Siedlungsabfälle. Im Jahr 2018 wurden pro Kopf durchschnittlich 489 Kilogramm Abfall verursacht, wobei das Aufkommen sich zwischen den Staaten deutlich unterscheidet. Während Dänemark 766 Kilogramm pro Kopf verzeichnet, liegt Rumänien im unteren Teil bei 272 Kilogramm. Diese Differenzen sind besonders auf den Konsum, Tourismus und dem wirtschaftlichen Wohlstand, aber auch auf das abfallwirtschaftliche System innerhalb des Staates zurückzuführen.

---

[38] Aspäck 2020.

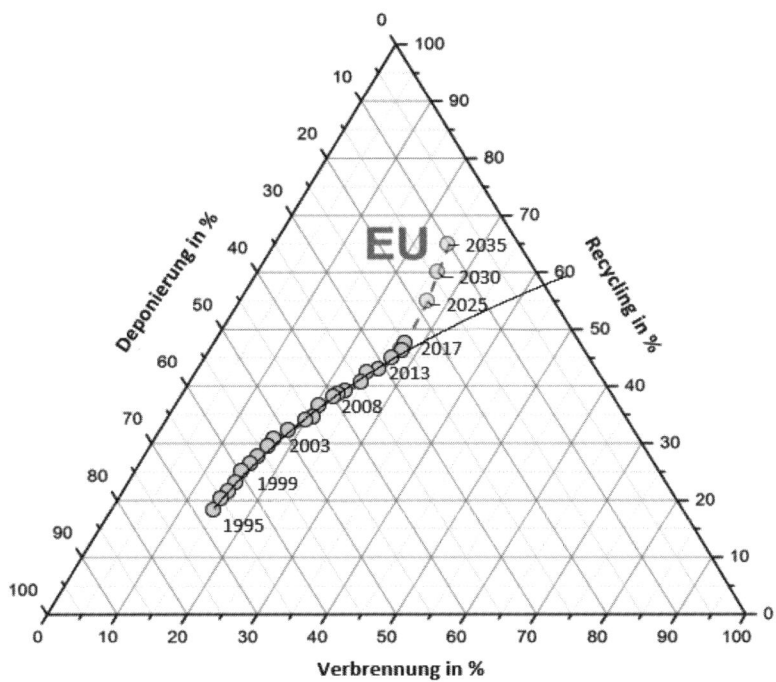

Abbildung 9: Recyclingquotenentwicklung der EU-28 bis 2017[39]

In *Abbildung 9* ist die Recyclingquotenentwicklung der 28 Länder der Europäischen Union dargestellt. Deutlich zu erkennen ist ein Rückgang der Deponierungsrate von 67 % (1995) auf 23 % im Jahr 2017, während die Recyclingquote im gleichen Zeitraum von 18 % auf 47 % gestiegen ist. Auch die thermische Behandlung von Siedlungsabfällen stieg von 15 % auf 29 % und hat sich somit fast verdoppelt. Alle Mitgliedstaaten müssen innerhalb des Kreislaufwirtschaftspaketes und der neuen Abfallrahmenrichtlinie der Europäischen Union (2018) Siedlungsabfälle bis 2025 zu 55 %, bis 2030 zu 60 % und bis 2035 zu 65 % einem Recyclingverfahren zuführen.

---

[39] Pomberger 2017.

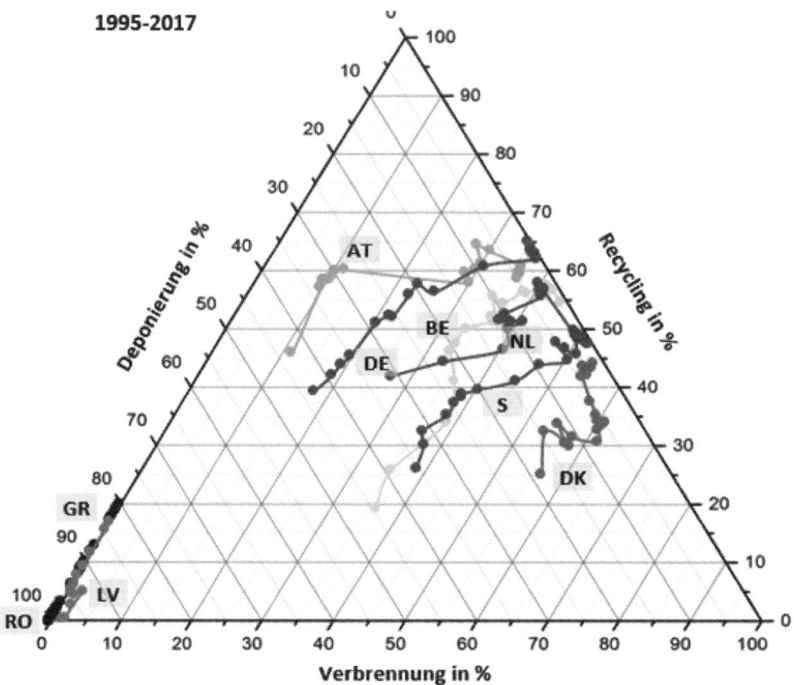

Abbildung 10: Recyclingquotenentwicklung nach Ländern 1995-2017[40]

Vergleicht man verschiedene Länder in der Europäischen Union (*Abbildung 10*), so ist der Unterschied zwischen den Mitgliedstaaten deutlich zu sehen. Die Deponierung von Abfällen ist in Ländern wie Belgien, Österreich, Deutschland, Schweden, Niederlande und Dänemark kaum mehr relevant. Sie gelten als Vorreiter der Umsetzung der Recycling-Ziele, wobei eine deutlich positive Entwicklung der Recyclingrate zu sehen ist. Hier wird besonders auf Recycling, Kompostierung und (energetische) Verwertung durch Verbrennung gesetzt. Im Gegensatz dazu werden in Bulgarien, Malta, Griechenland, Lettland und Rumänien mehr als 60 %, teilweise sogar über 90 % deponiert. Bis 2018 lagen lediglich Deutschland, Niederlande, Österreich und Slowenien über den 55 % der geforderten Recyclingquote bis 2025.

5.4 Die abfallwirtschaftliche Entwicklung in der Steiermark

5.4.1 Stoffstrom der gesamten steirischen Siedlungsabfälle

In der Steiermark (*Abbildung 11*) werden Siedlungsabfälle zu 40,3 % einer stofflichen und 32,9 % einer thermischen Verwertung zugeführt. Altstoffe und Verpackungsabfälle aus getrennter Sammlung machen mit 35,7 % den Großteil der stofflichen

---

[40] Pomberger 2019.

Verwertung aus. Gemischte und sperrige Siedlungsabfälle (Restmüll und Sperrmüll) werden überwiegend einer thermischen Behandlung unterzogen. 73,3 % des gesamten Aufkommens von Rest- und Sperrmüll werden nach Aufbereitung in einer Splitting- oder Anlagen zur mechanisch-biologischen Abfallbehandlung (MBA) thermisch verwertet, wobei nur 3,2 % direkt und ohne Vorbehandlung verbrannt werden.

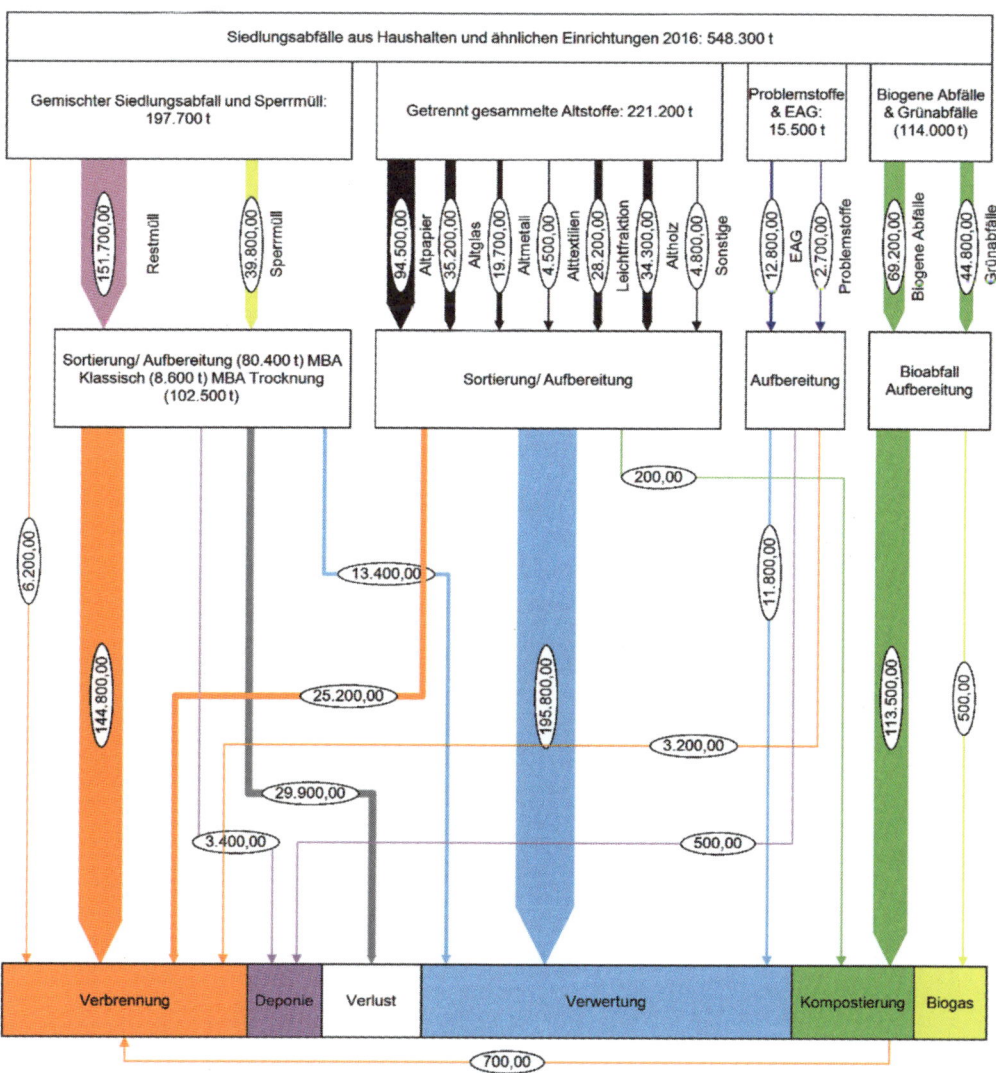

Abbildung 11: Stoffflussdarstellung der steirischen Siedlungsabfälle[41]

---

41 LAWP 2019.

5.5 Die Umsetzung der EU-Kunststoffstrategie als Kernthema der steirischen Abfallwirtschaft

5.5.1 Ausgangslage

Das in der EU-Verpackungsverordnung 1994 vorgesehene Recyclingziel von 50 % der Kunststoffverpackungen bis 2025 erscheint verglichen mit den anderen Zielen der EU als das am schwierigsten zu erreichende. Es wird angenommen, dass die Kunststoff-Recyclingkapazitäten in Europa auf das zumindest Vierfache des Standes von 2018 anzuheben sind. Dagegen erscheint die allgemeine Recyclingquote für Siedlungsabfälle von 55 % aus der Abfallrahmenrichtlinie 2008 als weniger schwierig zu erreichen. Das Ziel der EU-Kunststoffstrategie bis 2030 100 % wiederverwendbare oder recyclingfähige Kunststoffe (nicht nur Verpackungen) zu erreichen ist sehr ambitioniert. Ungeachtet dessen kündigt der neue Aktionsplan für die Kreislaufwirtschaft der Europäischen Kommission sogar noch weitreichendere Maßnahmen in Bezug auf Kunststoffabfälle an.

5.5.2 Aufkommen von Kunststoffabfällen

Kunststoffabfälle finden sich in vielen Fraktionen der Siedlungs- und Gewerbeabfälle.

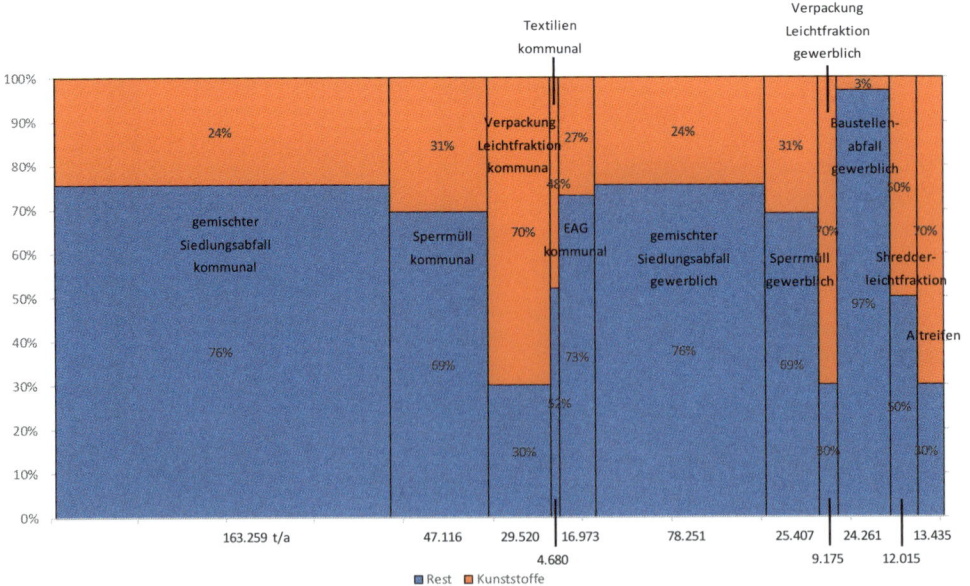

Abbildung 12: Marimekko-Diagramm über die Kunststoff-enthaltenden Abfallfraktionen in der Steiermark und deren Kunststoff-Anteil 2018. Die x-Achse zeigt die Menge der Abfallfraktionen in t/a, die y-Achse das Verhältnis zwischen dem Kunststoffanteil (orange) und dem Rest (blau) innerhalb einer Abfallfraktion[42]

---

[42] Wellacher 2020.

Das Aufkommen der Kunststoffabfälle in der Steiermark betrug 2018 131.318 t. Die höchsten Kunststoffanteile finden sich in den Abfallgruppen gemischter Siedlungs-abfall kommunal mit 39.672 t, Verpackung Leichtfraktion kommunal mit 20.664 t und gemischter Siedlungsabfall gewerblich mit 19.015 t. Weitere relevante Abfall-ströme sind Sperrmüll kommunal, Textilien, elektrische und elektronische Altgeräte (EAG), Sperrmüll gewerblich, Verpackung Leichtfraktion gewerblich, Baustellenab-fall, Shredderleichtfraktion und Altreifen. Der Kunststoffanteil von gemischtem Sied-lungsabfall kommunal wurde aus aktuellen Restabfallanalysen mit 24 % errechnet. *Abbildung 12* zeigt Mengen und Mengenanteile von Kunststoff in verschiedenen Abfallströmen.

5.5.3   Technische und organisatorische Möglichkeiten

Die Steiermark verfügt über eine außerordentliche technologische Ausstattung mit international tätigen Maschinen- und Anlagenbauern sowie mehreren Anlagen-betreibern. Diese Stärke ist bei der Verbesserung des Standes der Technik für Sor-tier- und Recyclinganlagen unbedingt zu berücksichtigen und einzusetzen. Dabei muss sowohl die Sortier- als auch die Recyclingeffizienz deutlich gesteigert und der Ausschuss in die Verbrennung reduziert werden.

Auch nach einer Umsetzung der EU-Verpackungsrichtlinie 2018 im Jahr 2025 wer-den 79 % der Kunststoffabfälle der Steiermark in die Verbrennung gehen. Von einer Recyclinggesellschaft kann im Kunststoffbereich also noch lange nicht gesprochen werden. Nach wie vor bleibt dieser Bereich der Verbrennung vorbehalten.

Eine wesentliche Besonderheit der Steiermark liegt in seinen zwei großen Kunst-stoffaufbereitungsanlagen, der Sortieranlage der Saubermacher Dienstleistungs AG in Graz und der LDPE-Recyclinganlage der Ecoplast Kunststoffverwertungs GmbH in Wildon. Für die Umsetzung der Potenziale im Kunststoffabfall-Recyclingbereich wer-den diese Anlagen eine zentrale Rolle spielen müssen.

5.5.4   Maßnahmen

Die folgenden Maßnahmen (*Tabelle 4*) können zum größten Teil auch in anderen Empfehlungen und Regelwerken gefunden werden. Nur ein Mix aus diesen möglichen Maßnahmen wird das Erreichen der Recyclingziele ermöglichen.

		Vermeidung	Sammlung	Wiederverwendung	Sortierung	Recycling	Rezyklateinsatz	EU-Kunststoffstrategie 2018	EU-Verpackungsrichtlinie 1994	LAWP 2019
1	Erhöhung des abfallwirtschaftlichen Budgets	x	x	x	x	x	x	x		
2	Datensammlung	x	x	x	x	x	x		x	x
3	Bewusstseinsbildung	x	x	x	x	x	x	x	x	x
4	Ökodesign von Produkten	x	x	x	x	x	x	x		x
5	Optimierung betrieblicher Stoffströme	x	x		x	x	x	x	x	x
6	Mehrweg statt Einweg	xx							x	x
7	Reparatur	xx		x						x
8	Re-Use Shops	x		xx						x
9	Verursacher-gerechte Müllgebühren	x	xx					x		
10	Verbesserung der ASZ		xx	x		x	x			x
11	Einweg-Getränkeflaschenpfand		xx			x	x	x	x	
12	Personalisierte Sammlung		xx							
13	Einforderung der erweiterten Herstellerverantwortung		x	x				x	x	
14	schonende Sammlung		x	xx						x
15	Verbesserung der Quellensortierung		x	x	x	x	xx	x	x	x
16	Erweiterung von Sortierkapazitäten				xx	x	x	x	x	
17	Erweiterung des Standes der Technik für Sortieranlagen				xx	x	x	x	x	
18	Erweiterung von Recyclingkapazitäten					xx	x	x	x	
19	Erweiterung des Standes der Technik für Recyclinganlagen					xx	x	x		x

Tabelle 4: Übersicht der vorgeschlagenen Maßnahmen zur Umsetzung der EU-Kunststoffstrategie 2018. „x" steht für die Wirkung der abfallwirtschaftlichen Stufen, „xx" für jene Stufe mit besonders hoher Wirkung. Außerdem wird angegeben, ob diese Maßnahmen schon in der EU-Kunststoffstrategie, der EU-Verpackungsverordnung bzw. dem LAWP 2019 genannt sind.[43]

5.5.5 Statements zur Erreichung der Kunststoffziele

Abfallvermeidung durch Mehrweg muss gesetzlich verordnet werden, da sich Produktion und Handel unter den gegenwärtigen Umständen aus wirtschaftlichen Gründen gegen jegliche Verlängerung der Lebensdauern von Produkten zur Wehr setzen. Das wird am Beispiel der Getränkeverpackungen deutlich. Trotz namhafter Initiativen seit über zwei Jahrzehnten, hat sich die Mehrwegquote massiv verringert.

Werkstoffliches Recycling kann die Abfallproblematik nie vollständig lösen, da sie von einem zeitgleichen Bedarf an Rezyklaten in Neuprodukten ausgeht. Der Zeit-

---

[43] Wellacher 2020.

verzug zwischen dem Zeitpunkt der Herstellung der Ausgangsprodukte und dem Zeitpunkt des Zur-Verfügung-Stellens der Rezyklate kann den üblichen Wirtschafts- und Produktlebensdauerzyklen niemals Schritt halten.

Rohstoffliches Recycling (Chemisches Recycling) könnte für derzeit nicht verwertbare Kunststoffabfälle und Verbunde eine technische Lösung darstellen. Erste Pilotanlagen sind in der Testphase (z.B. ReOil Anlage der OMV), allerdings sind Auswirkungen nicht vor 2025 zu erwarten.

Bio-Kunststoffe werden aus heutiger Sicht keine Lösung sein. Sie zeigen in den derzeitigen abfallwirtschaftlichen Systemen nicht die Vorteile, die von den Konsumenten erwartet werden. Gerade ihre Recyclingfähigkeit ist derzeit noch nicht gegeben und muss noch Inhalt intensiver Forschung werden.

5.5.6   Der Beitrag der Steiermark zum „Marine Littering"

Da sich immer mehr Mikro- (< 5mm) und Makroplastik (> 5 mm) im Meer ansammelt und dies zu einem globalen medialen Thema wurde, wurde eine Studie für das Land Steiermark erstellt, um mittels Materialflussanalyse die Emissionen im Land, als auch den Transfer über Flüsse bis ins Meer abzuschätzen.

Littering ist mit 45 % der modellierten Kunststoff-Emissionen die größte Emissionsquelle, gefolgt vom Abrieb vom Verkehr (Reifen 36 %, Fahrbahnmarkierung 2 %). Der Abrieb synthetischer Fasern von Wäsche (3 %), Innenraumstäube (2 %) und Microbeads aus Pflegeprodukten (< 1 %) stellen bedeutende punktuelle Einträge über die Abwässer der Haushalte in die Kanalisation dar. Diese Abwässer gelangen in die Kläranlagen und so gelangt Mikroplastik zum Teil über den Klärschlamm, zusammen mit Kompost (3 %) aus biogenen Siedlungsabfällen auch auf die Agrarflächen.

Die modellierten Kunststoff-Emissionen der Steiermark werden nach den Szenarien dieser Studie insgesamt auf 1.545–5.353 Tonnen pro Jahr (t/a) geschätzt.

Allerdings gelangen **aus der Steiermark nur 43–118 t/a über die Donau bis ins Schwarze Meer.**

Die Steiermark emittiert als Binnenland in etwa 0,0001 % des globalen Kunststoffes, welcher pro Jahr vom Land ins Meer gelangt, und um einen Faktor von in etwa 16 (7–48) weniger Kunststoffe ins Meer als ein durchschnittlicher Mensch der Erde.

Aufgrund des guten abfallwirtschaftlichen Systems der Steiermark gepaart mit einer hohen Sammel- und Verwertungskultur von Bevölkerung und Wirtschaft kann der **Beitrag der Steiermark zum „*Marine Littering*" als eher gering** bewertet werden. Zukünftig ist allerdings dem Thema „*Littering*" jedenfalls mehr Aufmerksamkeit zu schenken.

5.6   Resümee

Die steirische Abfallwirtschaft ist aufgrund ihrer positiven überdurchschnittlichen Entwicklung bestens vorbereitet, die Herausforderungen der Kreislaufwirtschaft und der neuen Europäischen Recyclingziele zu erfüllen. Einige Vorgaben sind allerdings nicht regional adressiert und können nur durch Handel und Produzenten, und hier vielfach nur auf nationaler und internationaler Ebene, erfüllt werden. Natürlich gibt es noch Herausforderungen und Baustellen um die steirische Abfallwirtschaft zu einer Kreislaufwirtschaft zu transformieren, aber durch Kooperation aller Stakeholder kann das gelingen und die steirische Abfallwirtschaft auch in Zukunft Vorreiter und Vorbild bleiben.

Quellenverzeichnis

Aspäck S. (2020) Regionale Analyse und Prognose der Recycling Quotenentwicklung in der Steiermark anhand des RIL-Ternärdiagrammes und Prognose der mittelfristigen Entwicklung, Studie erstellt im Rahmen des Projektes IMKREIST, Montanuniversität Leoben im Auftrag der Steiermärkischen Landesregierung und der Wirtschaftskammer Steiermark.

Huter D. (2020) Beitrag der Steiermark zum Marine Littering, Studie erstellt im Rahmen des Projektes IMKREIST, Montanuniversität Leoben im Auftrag der Steiermärkischen Landesregierung.

LAWP (2019) Landesabfallwirtschaftsplan 2019, Steiermärkische Landesregierung.

ÖWAV (2019) Strategien der österreichischen Recycling- und Abfallwirtschaft, Positionspapier des Österreichischen Wasser- und Abfallwirtschaftsverbandes (ÖWAV).

Pomberger R.; Sarc, R.; Lorber, K. (2017): Dynamic visualisation of municipal waste management performance in the EU using Ternary Diagram method. In: Waste Management.

Pomberger, R. (2019): Siedlungsabfallaufkommen nach Ländern_2017_Update 2019.

Pomberger R. (2016) Überlegungen und Vorschläge aus Sicht der Abfallwirtschaft zur Verbesserung der Ressourcenschonung und -effizienz, ExpertInnenpapier des Österreichischen Wasser- und Abfallwirtschaftsverbandes (ÖWAV).

Wellacher M. (2020) Umsetzung der EU-Kunststoffstrategie in der Steiermark – Ausgangslage, Potentiale, technische Möglichkeiten und Maßnahmen, Studie erstellt im Rahmen des Projektes IMKREIST, Montanuniversität Leoben im Auftrag der Steiermärkischen Landesregierung und der Wirtschaftskammer Steiermark.

Umwelt-, Energie- & Klimapolitik im Zeichen eines nachhaltigen ökonomischen Realismus

Dr. Ewald Verhounig, Leiter des Instituts für Wirtschafts- und Standortentwicklung, WKO Steiermark

Mag. Martin Heidinger, Referent für Klima, Umwelt- und Energiepolitik am Institut für Wirtschafts- und Standortentwicklung, WKO Steiermark

6.1   Nachhaltigkeit im Gleichklang von Ökologie, Ökonomie und Sozialem

Das übergeordnete Ziel von Nachhaltigkeit lautet, die Lebensqualität der Generationen von heute und morgen kontinuierlich zu verbessern. Dieses, zutiefst auch sozial verankerte Ziel, dem sich die heimische Wirtschaft bereits seit Jahren mehr oder minder offen verschrieben hat, steht zum einen im Zeichen eines Gleichklangs von Ökologie, Ökonomie und Sozialem, bedeutet zum anderen aber auch, dass es gilt Abwägungen zu treffen und Kompromisse zu schließen. Ökonomie kann nicht ohne Ökologie gehen und umgekehrt. Ähnlich verhält es sich, ergänzt man dies um soziale Aspekte. In der aktuellen Debatte rund um die Erreichung ambitionierter Energie, Umwelt- und Klimaziele wird letzterer Umstand gerne außen vorgelassen. Die Träger der Hauptlast der energie-, umwelt- und klimapolitischen Maßnahmen sind gemeinhin schnell gefunden: die gewerblichen Unternehmen – vom internationalen Großunternehmen bis hin zum lokal agierenden Kleinstbetrieb. Die ökonomischen Gefahren, die mit den klima- und umweltpolitischen Bürden für die Unternehmerschaft einhergehen, werden hingegen bagatellisiert. Man nimmt stillschweigend in Kauf, dass künstlich geschaffene Wettbewerbsnachteile Arbeitsplatz- und Wohlstandsverluste nach sich ziehen und zu einer Verlagerung von wirtschaftlichen Tätigkeiten in Länder führen, in denen der Schutz der Ökologie wenig bis keine Bedeutung hat, zum Schaden von Ökonomie und Ökologie.

Diesen Ansatz gilt es nunmehr rasch zu überdenken und von einer Politik der Verbote und bürokratischen Überfrachtung abzukehren. Die Energie-, Umwelt- und Klimapolitik muss ganzheitlicher und realistisch ausgerichtet werden. Dazu gilt es einen Blick auf die umwelt- und klimapolitische Performance des öffentlichen und privaten Sektors in Österreich und seinen Bundesländern zu werfen, um den Status quo in unserem Land, auch in Relation zu anderen Ländern, richtig einschätzen zu können. Österreich, respektive die Steiermark, sind, und das kommt im öffentlichen Diskurs eindeutig zu kurz, in vielen umwelt- und klimapolitischen Bereichen nicht nur Vorzeigeland, sondern vielmehr beispielgebend.

Im Rahmen dieses Beitrags wollen wir daher einen Blick auf den Status quo und die Entwicklung der jüngeren Vergangenheit werfen. Ferner wollen wir die im Rahmen eines Sozialpartnerprojektes im Jahr 2008 festgelegten Ausbaupotenziale auf deren Umsetzung hin überprüfen bzw. deren Restpotenzial ausloten. Abschließend gilt es jene Maßnahmen- und Aktionsbereiche aufzuzeigen, die im Zusammenhang mit Energie- und Klimapolitik ein wenig in den Hintergrund getreten sind, die aber gerade im KMU-Bereich der Wirtschaft sowie im Privatbereich sehr wesentliche Effekte haben können, ohne Beschäftigung und Wohlstand zu gefährden. Die Rede ist hierbei ua. von Bereichen wie der Energieeffizienz, der Regionalität im Vergabewesen sowie einer zeitgemäßen, intelligenten Mobilität und nachhaltigen Raumordnung als Treiber eines nachhaltigen Wirtschaftssystems, um nur einige Dinge zu nennen.

Aus Sicht der gewerblichen Wirtschaft folgt die Nachhaltigkeit der Gleichung: Klimapolitik = Energiepolitik = Effizienzsteigerungspolitik. Erreicht werden kann dies nur durch nachhaltige Gemeinschaften, welche die Ressourcen effizient nutzen und das ökologische und soziale Innovationspotenzial von Wirtschaft und Gesellschaft erschließen. Nur dann sind Wohlstand, Umweltschutz und sozialer Zusammenhalt im Einklang gewährleistet. Ökonomie, Ökologie und Soziales sind nicht zwangsläufig ein Widerspruch. Werden politisch die richtigen Wege eingeschlagen, kann der ökosozialen Marktwirtschaft (ein Begriff der erstmals bereits vor drei Jahrzehnten von Josef Riegler geprägt wurde) endgültig zum Durchbruch verholfen werden. Im Rahmen dieses Beitrags werden einige dieser Wege aufgezeigt. Im Rahmen eines engen Dialoges zwischen Politik, Sozialpartnern und Wissenschaft sollte die optimale Marschroute in Richtung Nachhaltigkeit auch definiert werden können.

6.1.1   Zur Lage der Umwelt in der Steiermark: Vorzeigeland & Technologiegeber

In den letzten Jahrzehnten entwickelte sich in Österreich und den einzelnen Bundesländern ein immer stärkeres Bewusstsein für die Notwendigkeit des Umweltschutzes. Daher konnten in der Vergangenheit auch beachtliche Erfolge in diesem Bereich erzielt werden, wobei die Steiermark bereits sehr früh eine führende Rolle einnahm, da in diesem Bundesland neben regulativen Maßnahmen auch die Entwicklung umweltfreundlicher und nachhaltiger Technologien vorangetrieben wurde. Nachfolgend soll ein Überblick zur aktuellen Lage betreffend Energieverbrauch, Wasser- und Luftgüte sowie der damit zusammenhängenden finanziellen Aufwendungen in der Steiermark und in Österreich gegeben werden:

- **Energieverbrauch in der Steiermark – Status quo**

  Im Jahr 2018 kann eine Steigerung der Energieeffizienz um 1,6 % im Vergleich zum Vorjahr festgestellt werden. Trotzdem befindet sich der Bruttoinlandsverbrauch – also jene Energiemenge, die zur Deckung des Inlandsbedarfs benötigt wird – auf einem relativ hohen Niveau im Vergleich zu den Vorjahren.

  Konkret hat sich der Bruttoinlandsverbrauch im Jahr 2018 auf etwa 230 Petajoule (PJ) belaufen. Nur in den Jahren 2017 und 2006 wurde mit einem Verbrauch von 233 bzw. 234 PJ ein höheres Niveau erreicht.

Auch beim energetischen Endverbrauch (Bruttoinlandsverbrauch abzüglich nicht-energetischer Verbrauch[44], Umwandlungs- und Transportverluste und Verbrauch des Sektors Energie) ist im Jahr 2018 im Vergleich zum Jahr 2017 ein leichter Rückgang zu verzeichnen. Konkret betrug der energetische Endverbrauch im Jahr 2018 187,9 PJ, was einer Reduktion des Endenergieverbrauchs in Höhe von 0,5 PJ verglichen mit 2017 entspricht.

Das bedeutet, dass die Steiermark ihre Energieeffizienz im Vergleich zum Jahr 2017 steigern konnte, obwohl im selben Zeitraum die steirische Bevölkerung um 0,26 % gewachsen ist und das steirische Bruttoregionalprodukt sogar eine Steigerung in Höhe von 4,2 % verzeichnen konnte.[45]

- **Wasser- und Luftgüte**

Im Jahr 2018 konnte die positive Entwicklung der Luftgüte in der Steiermark, wie schon in den vergangenen Jahren, fortgesetzt werden, obwohl ein äußerst kaltes Winterende die Jahresbilanz noch deutlich verschlechterte. Die Vorgaben der EU-Richtlinie über Luftqualität und saubere Luft für Europa (EG 2008) betreffend den Schadstoff Feinstaub PM_{10} wurden an allen steirischen Messstellen eingehalten. Bisher ist dieses erfreuliche Ergebnis nur in den Jahren 2014 und 2016 gelungen.[46]

Die Wassergüte der steirischen Seen ist hervorragend. Die Steiermärkische Landesregierung hat in Zusammenarbeit mit dem Bundesministerium für Arbeit, Soziales, Gesundheit und Konsumentenschutz im Jahr 2019 insgesamt 32 steirische Badeseen getestet, wovon 30 Seen eine ausgezeichnete Badewasserqualität und zwei Seen eine gute Badewasserqualität attestiert wurde.[47] Im jährlich veröffentlichten Bericht der Europäischen Kommission zur Qualität der europäischen Badegewässer wurden 1,1 % der österreichischen Badegewässer mit „gut" und 98,5 % mit „ausgezeichnet" beurteilt. Insgesamt wurden 261 österreichische Badegewässer auf ihre Wasserqualität geprüft, wovon kein einziges als „mangelhaft" bewertet wurde.[48]

- **Ausgaben für Umwelt- und Klimaschutz**

Die nationalen Ausgaben für den Umweltschutz haben in Österreich im Jahr 2017 € 11,7 Mrd betragen. Davon entfielen 5,5 % auf Investitionen aus dem öffentlichen Sektor, 7,6 % auf Investitionen von Privathaushalten und 86,9 % auf Investitionen von österreichischen Unternehmen. Der Großteil dieser Ausgaben wurde für den Gewässerschutz und die Abfallwirtschaft verwendet.[49]

Die steirischen Umwelt- und Klimaschutzausgaben beliefen sich im Jahr 2017 auf ca. € 1,64 Mrd. Auf den öffentlichen Bereich entfielen davon in etwa € 90 Mio, auf die privaten Haushalte etwa € 125 Mio an Ausgaben, die getätigt wurden. Den

---

[44] Energieträger, die nicht zur Energieerzeugung verwendet werden.

[45] Energiebericht 2019, Land Steiermark.

[46] Luftgütemessungen in der Steiermark – Jahresbericht 2018.

[47] Badegewässer-Datenbank der AGES.

[48] Austrian bathing water quality in 2019.

[49] Statistik Austria, Umweltschutzausgabenrechnung, im Auftrag des BMK. Erstellt am 17.04.2020.

Löwenanteil zum Umwelt- und Klimaschutz, mit Ausgaben in Höhe von ca. € 1,425 Mrd, haben auch in der Steiermark die Unternehmen geleistet.

- **Einnahmen der öffentlichen Hand aus „Ökosteuern"**

  Eine Vielzahl an Steuern, Abgaben und Gebühren in Österreich weisen auch einen ökologischen Bezug auf. Was genau unter den Überbegriff „Ökosteuern" subsumiert werden kann ist eine Frage der Auslegung. Die Statistik Austria teilt die Ökosteuern in die Kategorien Energiesteuern, Transportsteuern, Umweltverschmutzungssteuern sowie Ressourcensteuern ein. Demnach erzielte der Staat Österreich im Jahr 2018 Einnahmen in Höhe von € 9,6 Mrd aus Ökosteuern. Der Hauptanteil davon entfiel mit 57 % auf den Bereich der Energiesteuern, gefolgt von den Transportsteuern mit einem Anteil in Höhe von 34 %. Weitere 8 % entfielen auf den Bereich der Ressourcensteuern und 1 % des Ökosteueraufkommens wurde durch die Umweltverschmutzungssteuern (Altlastensanierungsbeiträge) aufgebracht.[50]

  Aus steirischer Sicht ergab sich im Jahr 2018 eine „Ökosteuerbelastung" in Höhe von ca. € 1,4 Mrd.

Die Steiermark hat noch mehr vorzuweisen, als einen umweltpolitischen Zielpfad, der international Anerkennung verdient: und zwar das technische Know-how, das es braucht, um eine umwelt- und energiepolitische Wende ohne gleichzeitige Wohlstandsverluste vonstattengehen zu lassen. Einige Zahlen verdeutlichen die gute Position, die die Steiermark in diesem Bereich einnimmt: [51]

- € 2,8 Mrd Umsatz mit umwelttechnologischen Produkten (End-of-Pipe und integriert)
- € 2 Mrd Umsatz mit Umweltdienstleistungen
- 36.000 Umweltbeschäftigte, 10.500 alleine im industriell-gewerblichen Technologiebereich

Der Exportanteil der Umwelttechnikprodukte liegt bei über 70 %.[52] Die außerordentliche Rolle des Standorts wird noch durch den Umstand abgerundet, dass 10 der 13 umweltrelevanten COMET-Kompetenzzentren Österreichs in der Steiermark liegen. Mit dem Green Tech Cluster beheimatet die Steiermark zudem eines der erfolgreichsten Unternehmensnetzwerke der Welt im Umwelttechnikbereich. Damit ist das Bundesland Steiermark mehr denn je gerüstet einen aktiven Part in der Bewältigung von energie- und klimapolitischen Herausforderungen zu spielen und dies weit über die Landesgrenzen hinaus.

---

[50] Statistik Austria, Öko-Steuern, im Auftrag des BMNT. Erstellt am 28.01.2020.

[51] Statistik Austria, Umweltorientierte Produktion und Dienstleistung, im Auftrag der Bundesländer und des BMK. Erstellt am 5. Dezember 2019.

[52] Österreichische Umwelttechnikindustrie. WIFO, 2017.

6.1.2   Erneuerbare Energie: Ausbaupotenziale in der Steiermark auf dem Prüfstand

Im Jahr 2008 haben die steirischen Sozialpartner eine Energiestrategie verabschiedet, die neben einem detaillierten Maßnahmenkatalog auch eine Szenario-Analyse, basierend auf drei Szenarien, beinhaltet, die sich, ausgehend von den Daten des Basisjahres 2005 und den damit einhergehenden energiepolitischen EU-Zielvorgaben, mit der nunmehrigen Zusammensetzung des Endenergieverbrauchs nach Energieträgern im Jahr 2020 auseinandersetzt.

Alle Szenarien basierten auf der Annahme, dass die realistisch verfügbaren, erneuerbaren Energiepotenziale in der Steiermark vollständig ausgeschöpft werden und damit zusätzliche eigene Energiemengen in den steirischen Energiekreislauf fließen. Unter Nutzung aller vorhandenen Potenziale wurde eine Zunahme im Bereich erneuerbarer Energieträger von 33,9 Petajoule im Jahr 2005 auf 53,9 Petajoule im Jahr 2020 als maximal möglicher Wert herausgearbeitet.

Im Rahmen der drei Szenarien wurden ein unverminderter Anstieg des Endenergieverbrauchs um 36 %, dessen Stabilisierung auf dem Niveau von 2005 sowie eine Reduktion des Endenergieverbrauchs um 20 % den Ausbaupotenzialen gegenübergestellt und die daraus resultierenden Relationen zwischen fossilen und erneuerbaren Energieträgern errechnet (*Abb 13*).

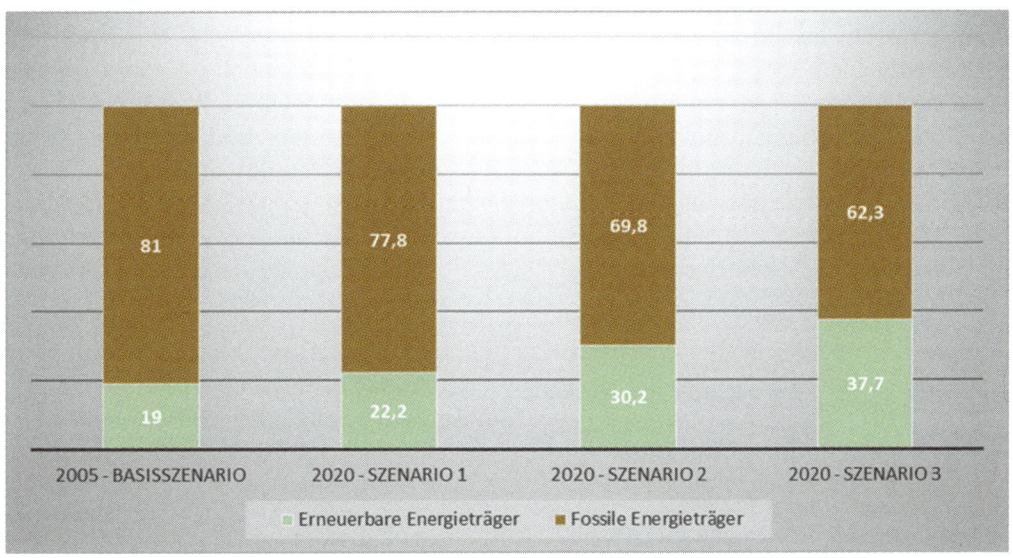

Abbildung 13: Szenarien zur Entwicklung des energetischen Endverbrauchs 2005 und 2020 anteilig nach Energieträgern in der Steiermark[53]

---

[53] Energiestrategie der steirischen Sozialpartner 2008.

Bereits im Jahr 2008 wurde seitens der Sozialpartnerexperten die These vertreten, dass der Zielpfad realistischerweise zwischen dem ersten und dem mittleren Szenario zu liegen kommen dürfte. Der Realitätscheck belegt diese These nunmehr. Im Jahr 2019 liegt der Anteil der erneuerbaren Energie am energetischen Endverbrauch bei 29,6 % und fast exakt auf dem Niveau des mittleren Szenarios.[54] Damit konnten in der Steiermark die EU-Vorgaben erfüllt werden. Das österreich-interne Ziel von 34 % wird hingegen nicht erreicht.[55]

Gewisse Ausbaupotenziale gibt es in der Steiermark noch, wobei sich diese im Wesentlichen auf die Bereiche Photovoltaik, Wasserkraft und Wind beziehen. Da sich die Umsetzung von Wasserkraft- und Windparkprojekten allerdings als immer langwieriger und mühevoller erweist, wird ein Erreichen der nunmehrigen, nach oben korrigierten Zielvorgaben über den Weg des Ausbaus erneuerbarer Energiequellen zusehends unwahrscheinlicher. Umso vehementer sollten daher alle Hebel in Bewegung gesetzt werden, um die Restausbaupotenziale nicht gänzlich brachliegen zu lassen.

6.1.3   Prioritäten einer nachhaltigen Energie, Umwelt- und Klimapolitik

Die Steiermark wird mit dem Jahr 2020, wie im vorangegangenen Abschnitt dargelegt, ihren Anteil an erneuerbarer Energie im Energiemix gegenüber 2005 signifikant steigern können. Die Herausforderungen in Richtung einer weiteren Steigerung werden in den kommenden Jahren allerdings ungleich größer, weil die rasch und vergleichsweise einfach machbaren Ausbaupotenziale mittlerweile genutzt wurden und jede weitere Steigerung ungleich schwieriger zu erreichen ist. Was braucht es in der Steiermark folglich, um die sehr ambitionierten energie- und klimapolitischen Ziele 2030 zu erreichen? In erster Linie braucht es ein Mindestmaß an Realismus sowie den Diskurs zwischen Politik und Sozialpartner und daraus abgeleitet, eine klare Prioritätenreihung die, durchaus umfangreichen, Maßnahmenfelder betreffend. Aus Sicht der WKO Steiermark müssen folgende Maßnahmenfelder in Betracht gezogen werden:

1. Priorität – Senkung des Energieverbrauchs: Ohne eine nachhaltige Senkung des Energieverbrauchs in der Steiermark ist trotz weiteren Ausbaus der absoluten Produktionsmengen an erneuerbarer Energie eine Steigerung des prozentuellen Anteils erneuerbarer Energien am Energieverbrauch im von der EU geforderten Ausmaß sicher nicht möglich.

2. Priorität – Ausbau erneuerbarer Energieträger: Neben einer generellen Energieeinsparung bedarf es auch eines massiven Ausbaus der erneuerbaren Energie in der Steiermark im Rahmen der in diesem Papier als realistisch ausgewiesenen Potenziale, ohne dass es zu weiteren politischen Kostensteigerungen bei strategischen Energieträgern kommt.

---

[54] Vgl. Energiebericht Steiermark 2019, 16.
[55] Vgl. Schwarzer et al. 2018, 23.

3. Priorität – Zielgerichteter Einsatz erneuerbarer Energieträger: Bei der Substitution fossiler durch erneuerbare Energieträger gilt es genau abzuwägen, welche fossilen Energieträger durch welche erneuerbaren Energieträger ersetzt werden können, um möglichst hohe Wirkungsgrade zu erreichen und die strategische Energieerzeugung nicht zu gefährden.

4. Priorität – Fördern statt verbieten auf Basis öko-sozialer marktwirtschaftlicher Mechanismen: Technologisches Know-how & Innovationen sind die Wegbereiter für eine nachhaltige Gesellschaft. Daher gilt es gezielt Grundlagenforschung und Anwendungsforschung zu fördern anstele der Dauersubvention nicht-marktfähiger Technologien.

5. Priorität – Nutzung ordnungspolitischer Instrumentarien: Durch ordnungspolitische Instrumentarien wie die Raumordnung, das Baurecht und das Vergabewesen lassen sich wesentliche Stellschrauben in Bewegung setzen, die gerade im Bereich des Energieverbrauchs wesentlich sind, sei es durch die Eindämmung der Zersiedlung, die Ausweitung von Sanierungsmaßnahmen oder die Verkürzung von Produktionswegen.

6.1.4   Fördern statt verbieten & Energieeffizienz

Die auf EU-Ebene stark zunehmende Reglementierung im Umwelt- und Klimaschutzbereich stellt für viele vor allem kleinere und mittlere Betriebe eine große Herausforderung dar, zumal diese Normen ständigen Änderungen (meist Verschärfungen) unterworfen sind. Dies führt zu einer wachsenden Planungs- und Rechtsunsicherheit für europäische Unternehmen.

Es darf daher keinesfalls das Ziel der Politik sein zu aufwendige innerbetriebliche Klima- und Umweltschutzverfahren (Umweltaudits), im „Sinne der Nachhaltigkeit", gesetzlich vorzugeben, welche dazu führen, dass KMUs durch den damit einhergehenden ausufernden logistischen und bürokratischen Aufwand ihren eigentlichen Betrieb nicht mehr wirtschaftlich erfolgreich aufrechterhalten können. Werden kleine und mittelgroße Betriebe durch eine Überreglementierung bzw. durch eine Überhäufung mit Vorschriften im Bereich des Klima- und Umweltschutzes an den Rand der wirtschaftlichen Machbarkeit und darüber hinaus getrieben, so ist das Ziel und der Zweck der Nachhaltigkeitsdiskussion eindeutig verfehlt. Denn Nachhaltigkeit kann nur durch einen generationenübergreifenden Ausgleich der ökologischen, sozialen und ökonomischen Interessen erreicht werden.

Aufgrund dieser Überlegung muss stets auch der realistischen Umsetzbarkeit und der klaren Verständlichkeit jener Normen, die zur Klima- und Umweltzielerreichung führen sollen, besonderes Augenmerk gewidmet werden. Um die Klimaziele erreichen zu können, bedarf es einer merklichen Steigerung der Energieeffizienz bzw. der Senkung unseres Energieverbrauchs. Aus diesem Grund braucht es massive Förderungen in diesem Bereich, um in einem offenen Technologiewettbewerb die Innovationen hervorzubringen, die unsere ambitionierten Klimaziele ermöglichen sollen. Gleichzeitig müssen Dauersubventionen für wenig realistische und nicht marktfähige Technologien umgehend eingestellt werden.

Hingegen kann die Weiterführung von Förderprojekten wie „WIN-Wirtschaftsinitiative Nachhaltigkeit", dessen Zweck es ist, den steirischen Unternehmen im Bereich der Nachhaltigkeit *einen Anreiz für die Inanspruchnahme qualifizierter externer Beratungsleistung zu schaffen*"[56], um die Strategie der Unternehmen auf dem Gebiet der Nachhaltigkeit zu stärken und zukunftsfit zu machen, nur befürwortet werden.

6.1.5   Regionalität sinnvoll nutzen

Im Bereich öffentlicher Ausschreibungen schaffen regionale Auftragsvergaben wichtige Impulse für die regionale Wirtschaft und sichern Wachstum und Beschäftigung. Darüber hinaus können Auftragsvergaben an in der Region ansässige Betriebe auch zu mehr Nachhaltigkeit beitragen. So kann z.B. durch kürzere Transportwege oder einen geringeren Energieverbrauch ein positiver Effekt auf den CO_2-Fußabdruck bewirkt werden.

In diesem Zusammenhang bietet sich insbesondere die Forcierung des Bestbieterprinzips als Zuschlagssystem im Vergaberecht an. Bei Ausschreibungen nach dem Billigstbieterprinzip können regionale KMUs oftmals nicht mit großen Konzernen konkurrieren, zumal diese aufgrund ihrer Strukturen und Ressourcen zumeist in der Lage sind das billigere Angebot zu legen. Dabei bleiben aber die Vorteile, die eine Vergabe an regionale Betriebe mit sich bringt (z.B. rasches Service bei Problemfällen, Kenntnis der Strukturen vor Ort etc.) unberücksichtigt.[57] Im aktuellen Regierungsprogramm hat die Bundesregierung die Überarbeitung des Vergaberechts angekündigt. Im Mittelpunkt der Änderungen soll die Reduktion der CO_2-Emissionen stehen, weshalb bei öffentlichen Aufträgen besonderes Augenmerk darauf gelegt werden soll, dass die Transportwege so kurz wie möglich gehalten werden.[58] Dieses Vergabekriterium ist aufgrund der damit einhergehenden Förderung der Nachhaltigkeit und Stärkung der Regionalisierung im Bereich der öffentlichen Beschaffung zu begrüßen.

Grundsätzlich positiv zu bewerten ist auch der Beschluss der Bundesregierung, aufgrund der durch die Corona-Krise ausgelösten wirtschaftlichen Schwierigkeiten, die Gemeinden mit einem Konjunkturpaket in Höhe von einer Milliarde Euro zu unterstützen. Das Geld soll aber nur in jene Kommunen fließen, die auch in der Lage sind 50 % der Investition selbst aufzubringen. Durch die enormen krisenbedingten wirtschaftlichen Einbußen stellt der sogenannte „Selbstbehalt" für viele Gemeinden eine große Herausforderung dar. Aus diesem Grund greift das Land Steiermark den heimischen Gemeinden mit weiteren € 68,6 Mio an Investitionsförderungen unter die Arme, weshalb sich der von den steirischen Kommunen aufzubringende Anteil an der Investition auf 25 % reduziert. Vor diesem Hintergrund ist es aktuell wichtiger denn

[56] https://www.wko.at/service/foerderungen/steiermark-wirtschaftsinitiative-nachhaltigkeit.html.

[57] Vgl. Handbuch zur Regionalvergabe mit Praxisbeispielen, 19, Wirtschaftskammer Steiermark.

[58] https://www.derstandard.at/story/2000118354002/oeffentliche-auftraege-sollen-regionaler-und-nachhaltiger-werden.

je, investitionswillige Gemeinden mit möglichst raschen und unbürokratischen Verfahren bestmöglich zu unterstützen. Sehr viele Betriebe leben gerade von öffentlichen Investitionen und nicht zuletzt von Investitionen auf Gemeindeebene. Im Jahr 2018 haben allein die steirischen Gemeinden rund € 421 Mio investiert[59], was die Rolle der Kommunen als wichtiger Impulsgeber für die regionale Wirtschaft verdeutlicht.

Aus diesem Grund ist es von entscheidender Bedeutung, dass die Fördergelder und Investitionen rasch bei den im Ort und im näheren Umkreis angesiedelten Unternehmen ankommen. Eine konkrete Maßnahme die Verfahren zu vereinfachen bzw. zu beschleunigen wäre die Anhebung der in der Schwellenwerteverordnung[60] für Direktvergabeverfahren festgelegten Wertgrenze von derzeit € 100.000,-- auf € 300.000,-- sowie die Anhebung der Wertgrenze im Verfahren ohne vorherige Bekanntmachung von momentan einer Million auf drei Millionen Euro. Dadurch könnte der regionalen Wirtschaft ein schneller und wirkungsvoller Impuls gegeben werden.

6.1.6   Schlussfolgerungen

Ein Blick auf die energie-, umwelt- und klimapolitische Performance offenbart, dass Österreich und seine Bundesländer in den vergangenen Jahren und Jahrzehnten eine gute, bis sehr gute Entwicklung genommen haben und sich vor anderen Ländern keinesfalls verstecken müssen. Im Gegenteil, nur wenige Länder bearbeiten das Thema Nachhaltigkeit intensiver. Die Steiermark sticht vor allem auf der Technologieseite gesondert hervor, da Österreichs führendes F&E-Bundesland auch im Umwelttechnikbereich eine internationale Vorzeigerolle einnimmt.

Dennoch steht die Steiermark zweifelsohne vor gewaltigen Herausforderungen, will man auch künftigen Generationen Energie in ausreichendem, leistbarem und sicheren Rahmen zur Verfügung stellen und die Vorgaben der EU zur Senkung des Energieverbrauchs und zum Ausbau erneuerbarer Energieträger erreichen. Einige Lösungswege wurden im Rahmen dieses Beitrags bereits aufgezeigt, andere werden sich mit Sicherheit noch finden lassen.

Bei allen Bestrebungen eine Energie- und Klimawende in unserem Land herbeizuführen, darf der Blick auf die Realität nie fehlen. Denn selbst der Ausbau aller möglichen Potenziale an erneuerbarer Energie reicht, wie bereits im Rahmen der Szenarien der Energiestrategie der steirischen Sozialpartner deutlich wurde, nicht aus, um die vorgegebenen Zielwerte für erneuerbare Energie auch nur ansatzweise zu erreichen, wenn der Energieverbrauch weiter ungebremst ansteigt.

Aus diesem Grund sei an dieser Stelle auch eingemahnt, dass die Diskussion über adäquate Wege zu einer weniger im Fossilbereich verhafteten Energiewirtschaft nicht an realen Fakten vorbeigeführt werden darf. Es gilt, die gesamte Bevölkerung

---

[59] Statistik Austria, Gemeinden ab 2000, Haushaltsdaten.
[60] Schwellenwerteverordnung 2018, BGBl II Nr 211/2018.

entsprechend darüber aufzuklären, dass die Lösung der Energie- und Klimafrage soziale Aspekte, sprich den Erhalt von Lebensqualität und Arbeitsplätzen, ökonomische Aspekte, etwa den Erhalt eines hohen Wohlstandsniveaus, und ökologische Aspekte berücksichtigen muss und eindimensionale Lösungsansätze verbietet. Die Komplexität des Themas muss allen Menschen dieses Landes bewusstgemacht werden. Wenn es gelingt, den Gedanken „fördern statt verbieten" breit zu implementieren und das Know-how in der Steiermark über die Grenzen unseres Landes hinweg einzusetzen und geltend zu machen, sollten die energie- und klimapolitischen Zielvorgaben dennoch machbar sein und dies ohne den Gleichklang von Ökologie, Ökonomie und Sozialem zu stören.

Quellenverzeichnis

BMNT (2018) #Mission 2030: Die österreichische Klima- und Energiestrategie, Wien.

Land Steiermark (2020) Energiebericht 2019, Land Steiermark, Graz.

Schneider Herwig et al. (2017) Österreichische Umwelttechnik – Motor für Wachstum, Beschäftigung und Export, IWI Institut, Wien.

Schwarzer Stefan et al. (2018) Energiewenderecht, Österreichische Zeitschrift für Energiewenderecht, Facultas Verlags- und Buchhandels AG, Wien.

Statistik Austria (2020) Bundesländer-Energiebilanzen: Steiermark 1988–2018,

Statistik Austria (2020) Umweltschutzausgabenrechnung, im Auftrag des BMK. Erstellt am 17.4.2020.

Statistik Austria (2020) Öko-Steuern, im Auftrag des BMNT. Erstellt am 28.1.2020.

Statistik Austria (2020) Umweltorientierte Produktion und Dienstleistung, im Auftrag der Bundesländer und des BMK. Erstellt am 5.12.2019.

Steirische Sozialpartner (2008) Energiestrategie Steiermark 2020, Graz.

WIFO (2013) Österreichische Umwelttechnikindustrie, Export und Wettbewerbsfähigkeit, Wien.

Land Steiermark (2019) Luftgütemessungen in der Steiermark – Jahresbericht 2018, Graz.

Agentur für Gesundheit und Ernährungssicherheit, Bundesministerium für Soziales, Gesundheit, Pflege und Konsumentenschutz (2019) Badegewässer-Datenbank. URL: https://www.ages.at/themen/umwelt/wasser/badegewaesser/?bundesland=st&cHash=18700b51108599ca3679421e4ddd7737.

European Environment Agency (2020) Austrian bathing water quality in 2019.

Wirtschaftskammer Steiermark (2020) URL: https://www.wko.at/service/foerderungen/steiermark-wirtschaftsinitiative-nachhaltigkeit.html.

Wirtschaftskammer Steiermark (2018) Handbuch zur Regionalvergabe mit Praxisbeispielen, Graz.

Der Standard (2020) Öffentliche Aufträge sollen regionaler und nachhaltiger werden, URL: https://www.derstandard.at/story/2000118354002/oeffentliche-auftraege-sollen-regionaler-und-nachhaltiger-werden.

Statistik Austria (2020) Gemeinden ab 2000, Haushaltsdaten.

Schwellenwerteverordnung 2018, BGBl II 211/2018.

Kapitel 7

Klimaschutz: die steirische Industrie ist Teil der Lösung

Dipl.-Ing. Karlheinz Rink, Referent für Umwelt und Energie, IV-Steiermark

7.1   Industrieland Steiermark

Die Steiermark ist heute eine hochentwickelte Industrie- und Wissenschaftsregion und die steirischen Industriebetriebe konnten zu dieser Entwicklung wesentliche Impulse geben. Egal ob sich Analysen mit der steirischen Wertschöpfung, dem Arbeitsmarkt, der Forschungstätigkeit oder den Investitionen in den Umweltschutz auseinandersetzen, letztlich ist es der produzierende Sektor und insbesondere die Industrie, welche die Steiermark geprägt haben und nach wie vor stark prägen. Dies belegen auch die nachfolgenden Zahlen für das Jahr 2019.

Der produzierende Sektor

- trägt ca. **34 % der Wertschöpfung**[61] in der Steiermark,
- beschäftigt rund **118.000 Arbeiternehmer**[62] und
- bringt rund **74 % der Ausgaben für Forschung und Entwicklung**[63] in der Steiermark auf.

Zusätzlich hat sich im direkten Umfeld des Sektors ein technologie-intensiver technischer **Dienstleistungssektor** entwickelt, der knapp 9 % der steirischen Wirtschaftsleistung stemmt.[64]

Drei von vier Produkten werden exportiert, die steirische Industrie ist damit überdurchschnittlich stark international ausgerichtet und stellt sich in hohem Maß dem Wettbewerb auf globalen Märkten. Fragen der Innovation, der betrieblichen Wettbewerbsfähigkeit und damit Fragen der Qualität des Wirtschaftsstandortes Steiermark sind daher von überaus großer Bedeutung.

Die **Brutto-Anlage-Investitionen** der steirischen Industrie beliefen sich im Jahr 2019 auf rund **€ 3,65 Mrd**[65] (Anmerkung: das entspricht in etwa den gesamten Landes-Budgets des Burgenlands mit ~ € 1,15 Mrd und Kärntens mit ~ € 2,5 Mrd). Damit investierten die steirischen Industriebetriebe im Schnitt täglich rund € 10 Mio an ihren steirischen Standorten. Technologische Entwicklungen sind dabei in 34 %

---

[61] WIBIS Steiermark, https://wibis-steiermark.at/wirtschaft/struktur-und-standort/wertschoepfung.

[62] WIBIS Steiermark, https://wibis-steiermark.at/arbeit/unselbstaendig-beschaeftigte/wirtschaftsklassen/.

[63] WIBIS Steiermark, https://wibis-steiermark.at/wirtschaft/fe/fe-erhebung/wibis/fe-quote-in-nach-durchfuehrungssektor/oesterreich-9-bundeslaender/zeitreihe/.

[64] WIBIS Steiermark, https://wibis-steiermark.at/wirtschaft/struktur-und-standort/wertschoepfung.

[65] Investitionen der steirischen Industrie 2019, JOANNEUM RESEARCH.

der Fälle der Auslöser von Investitionen. Die „investitionsintensivsten" Branchen der Industrie waren 2019 die Elektro- und Elektronikindustrie mit € 937 Mio, die Metallindustrie mit € 638 Mio und die Fahrzeugindustrie mit € 563 Mio Am stärksten in ihre Bauten und Ausrüstungen investiert haben die Papierindustrie und die Metallindustrie.

Darüber hinaus hat die steirische Industrie im Jahr 2017 (letzte verfügbare Zahlen) rund **€ 1,71 Mrd**[66] für **Forschung und Entwicklung** aufgewendet und ist mit ihrem Anteil von ca. 74 % an den gesamten F&E-Ausgaben von € 2,32 Mrd wesentlicher Treiber und Gestalter der heimischen Forschungslandschaft. Mit diesen Zahlen ist die Steiermark **Forschungsland Nummer eins** in Österreich und liegt auch im europäischen Vergleich unter den Top 3. Letztendlich können sich steirische Unternehmen nur dank dieser Investitionen in innovative Produkte und Prozesse am Weltmarkt behaupten.

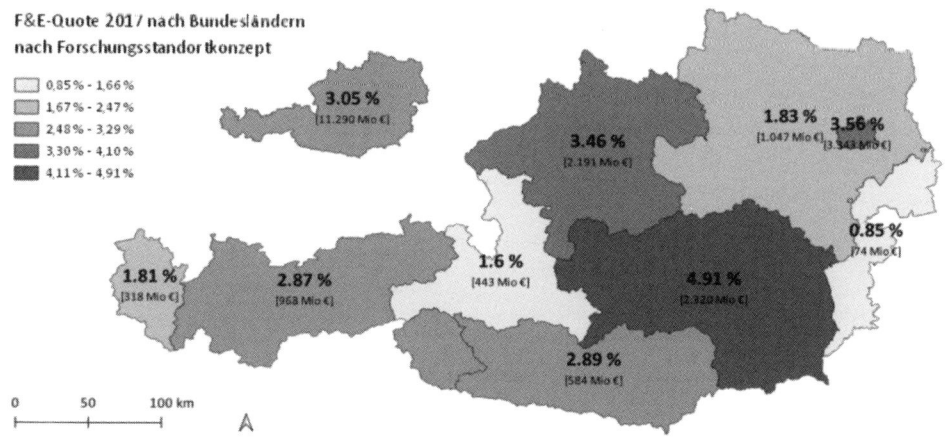

Abbildung 14: F&E-Quoten der Bundesländer im Jahr 2017

7.2   Ausgangssituation und Herausforderungen

Der Kampf gegen den Klimawandel ist unbestritten eine der großen Herausforderungen unserer Zeit und wird immer mehr zum dominierenden Thema in Politik, Medien und der Öffentlichkeit. Das zeigt sich auch in der Entwicklung der Rahmenbedingungen der letzten Jahre.

Oft nicht bewusst ist dabei jedoch die Tatsache, dass die steirischen Industrieunternehmen schon seit langem zu den energieeffizientesten und umweltfreundlichsten Unternehmen der Welt gehören. Die steirische Industrie, die mit ihren Betrieben nicht nur in der Steiermark, sondern in der gesamten Welt tätig ist, ist gemeinsam mit der Energiewirtschaft in vielen Bereichen technologischer Vorreiter.

---

[66] WIBIS Steiermark, https://wibis-steiermark.at/fileadmin/user_upload/Thema_des_Monats/2019/ WIBIS_Thema_des_Monats_August_2019.pdf.

7.2.1   Internationaler Markt

Bedingt durch den kleinen heimischen Inlandsmarkt haben sich viele Unternehmen mit ihren Innovationen erfolgreich auf dem Weltmarkt positioniert und gehören zu den Global Players oder haben sich als Hidden Champions in einzelnen Bereichen wie etwa bei Klimaschutztechnologien einen Namen gemacht.

Einheitliche, verbindliche, faire und vergleichbare Rahmenbedingungen sind für die international agierenden Unternehmen daher wesentlich. Dazu gehört auch eine verantwortungsvolle regionale Umweltpolitik ohne Wettbewerbsnachteile. Die Umsetzung von EU-Recht darf die im globalen Vergleich ohnedies sehr strengen EU-Umweltauflagen nicht noch weiter verschärfen.

Insgesamt standen in der Steiermark im Jahr 2018 Warenexporte von € 25,4 Mrd Importen von € 19,3 Mrd gegenüber. Zu den wichtigsten Exportgütern zählten im Jahr 2018 die Abschnitte Beförderungsmittel (30,2 %), Maschinen, Apparate, mechanische Geräte (20,9 %) sowie unedle Metalle und Waren daraus (16,0 %). Zusammen waren diese drei Gruppen für mehr als zwei Drittel (67,1 %) der gesamten Exporte der Steiermark verantwortlich.[67]

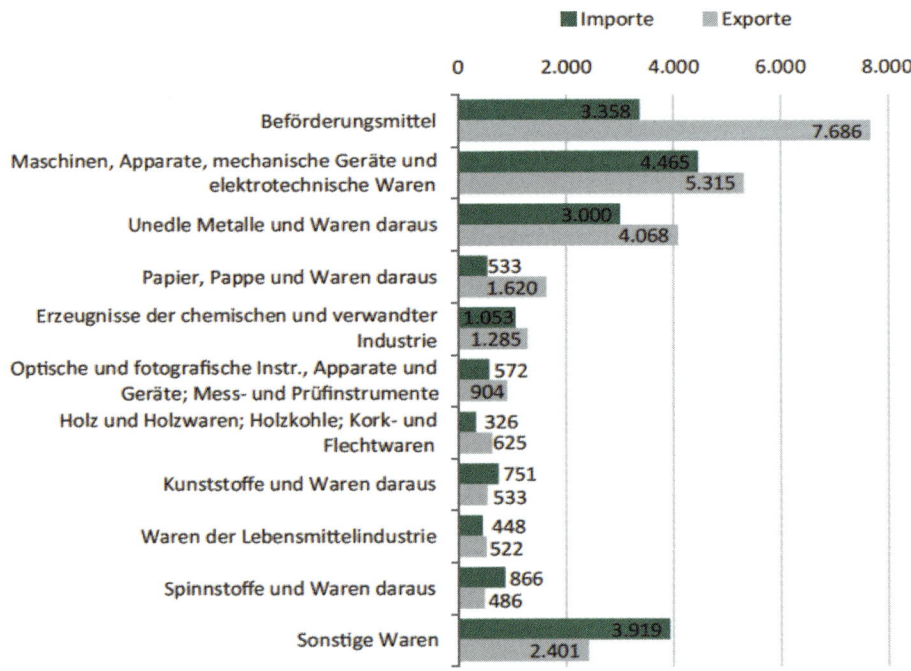

Abbildung 15: Steirische Warenexporte und Warenimporte 2018

Der Haupthandelspartner der Steiermark ist und bleibt traditionell Deutschland. Im Jahr 2018 gingen 27,2 % bzw. € 6,9 Mrd (2017: 29,3 %) der steirischen Exporte nach

---

[67] Wirtschaftsbericht 2019, https://wibis-steiermark.at/fileadmin/user_upload/wibis_steiermark/studienpool/ Wirtschaftsbericht%202019.pdf.

Deutschland. Zu den Top-5-Exportmärkten gehören weiters die USA, Italien, das Vereinigte Königreich und China.

7.2.2   Europäisches Emissionshandelssystem (EU ETS)

Der EU-Emissionshandel (European Union Emissions Trading System, EU ETS) ist der erste grenzüberschreitende und weltweit ambitionierteste Emissionsrechtehandel. Ziel dieses Instrumentes der EU-Klimapolitik ist es, Emissionen von Treibhausgasen (wie CO_2) unter möglichst geringen volkswirtschaftlichen Kosten zu senken, indem eine begrenzte Zahl an Emissionsrechten ausgegeben und anschließend auf einem Markt gehandelt wird.

Das System wurde 2003 vom Europäischen Parlament und dem Rat der EU beschlossen und trat am 1.1.2005 in Kraft. Aktuell umfasst das EU ETS den Kohlendioxidausstoß von rund 11.000 Anlagen in 31 europäischen Ländern. Von Anfang an einbezogen waren die Kohlendioxid-Emissionen aus der Stromerzeugung in thermischen Kraftwerken sowie aus den energieintensiven Industriebranchen wie Eisen- und Stahlverhüttung, Kokereien, Raffinerien und Cracker, Zement- und Kalkherstellung, Glas-, Keramik- und Ziegelindustrie, oder Papier- und Zelluloseproduktion. Zusammen machen diese Industrien etwa 50 % der europäischen Kohlendioxidemissionen und 40 % der gesamten Treibhausgas-Emissionen der teilnehmenden Länder aus.[68] Nicht erfasst werden andere Treibhausgase wie bspw. Methan. Außerdem sind der Transportsektor, die Privathaushalte, die Landwirtschaft und andere Industrien und Gewerbe nicht vom ETS umfasst.

Für 2018 ergibt sich für die Steiermark ein Emissionswert von insgesamt 13,74 Mio Tonnen CO_2-Äquivalent. Dieser liegt um 14,8 % unter dem Wert von 2005. Der Emissionshandelsbereich nimmt in der Steiermark einen Anteil von 47 % an den Gesamtemissionen ein.[69]

7.3   Beiträge der Industrie für den Klima- und Umweltschutz

Die heimische **Industrie** und die mit ihr verbundenen Sektoren leisten mit ihrer Innovationskraft einen bedeutenden Beitrag für den Klima- und Umweltschutz – in dreierlei Hinsicht:

1. In kaum einem anderen Land werden CO_2-intensive Produkte, wie Zement, Stahl oder Papier, **klimaschonender** produziert als in der Steiermark.

2. Umwelttechnologien made in Styria leisten einen wesentlichen Beitrag für Klima- und Umweltschutz weltweit.

3. In den Bereichen Mobilität, Kreislauf- und Energiewirtschaft zählt die Steiermark international zu den ökologischen **Vorreitern**.

---

[68] https://de.wikipedia.org/wiki/EU-Emissionshandel.

[69] Klimabericht Steiermark 2019, https://www.ich-tus.steiermark.at/cms/dokumente/12786675_72442079/3dcbdf10/2020-06%20FAEW%20KB2019%20final%20Seiten.pdf.

Die steirische Industrie ist mit diesen weltweit wirkenden Stärkefeldern der Schlüsselakteur einer erfolgreichen Transformation zu einem klimaneutralen Energie- und Wirtschaftssystem, der Arbeitsplätze schafft und unseren Wohlstand erhält bzw. ausbaut.

Zudem investieren heimische Unternehmen laufend in Energieeffizienz und Klimaschutz, wodurch ein äußerst bedeutender Beitrag zur Treibhausgasreduktion geleistet wird, wie die nachfolgenden Analysen zeigen.

7.3.1 Entkopplung des Bruttoregionalproduktes vom Energieverbrauch und den Treibhausgas-Emissionen

Zu den größten Herausforderungen im Bereich der Reduktion der Treibhausgase zählen einerseits die möglichst emissionsfreie Energiebereitstellung für industrielle Prozesse (zur Reduktion energiebedingter Emissionen) und andererseits der Umgang mit bislang unvermeidbaren Emissionen bei Produktionsprozessen (zur Reduktion prozessbedingter Emissionen).

In der Steiermark konnte in den vergangenen Jahren ein (überdurchschnittlich starkes) Wirtschaftswachstum erzielt werden. Der dafür nötige Energieeinsatz konnte nahezu stabil gehalten werden. Durch Effizienzsteigerungen ist demnach eine weitgehende Entkopplung von Wachstum und Energiebedarf gelungen.

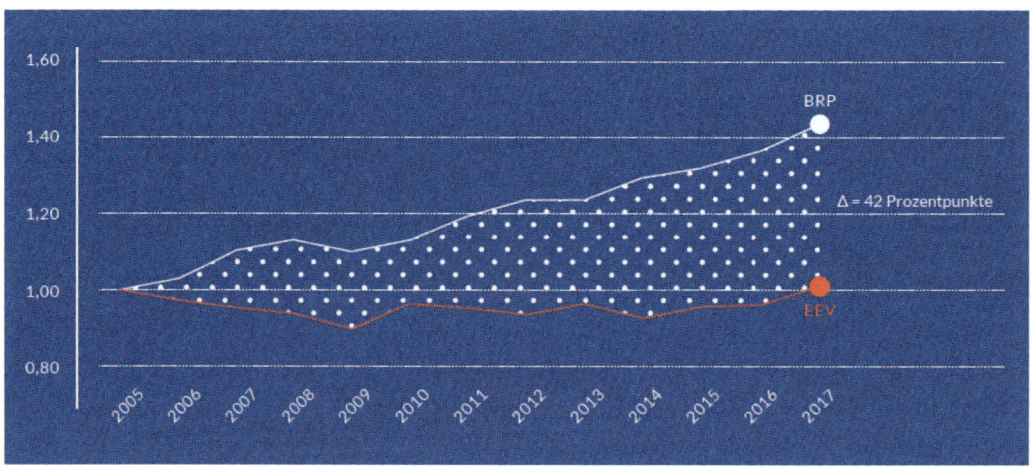

Abbildung 16: Energieeinsatz zu Bruttoregionalprodukt in der Steiermark 2005–2017

7.3.2   Entwicklungen der Treibhausgas-Emissionen im europäischen Emissionshandelssystem (EU ETS)

Im Jahr 2017 wurden in Österreich insgesamt 82,3 Mio Tonnen Treibhausgase emittiert.[70] Mehr als ein Drittel der gesamten Treibhausgas-Emissionen Österreichs und rund 82 % der von der Industrie verursachten Emissionen sind dabei vom EU-Emissionshandel erfasst.

In Österreich sind vom EU ETS erfasste Emissionen im Zeitraum zwischen 2005 und 2017 um 15 % zurückgegangen, während Treibhausgasemissionen außerhalb des EU ETS lediglich um 9 % abgenommen haben.[71]

Entwicklung der Emissionen (2005–2017):

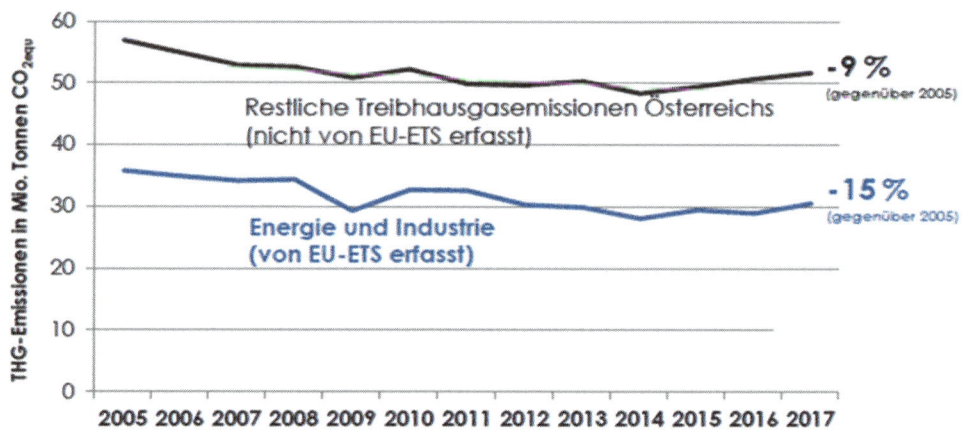

Abbildung 17: Entwicklung von EU ETS-Emissionen und nicht vom EU ETS erfassten Emissionen in Österreich

7.4   Klima- und Umweltschutz-Beispiele der Industrie

Was passiert, wenn ein Unternehmen hierzulande seine Produktion schließen müsste? Höchstwahrscheinlich würde dieser Standort in ein Land ausgelagert, wo Waren kostengünstiger und mit deutlich höherem Schadstoffausstoß hergestellt werden. Dieser oft auch als „**Carbon leakage**" bekannte Effekt kostet heimische Arbeitsplätze und schadet letztlich dem weltweiten Klima.

Eine solche Abwanderung der Industrie aus Österreich und somit die Verlagerung der Emissionen in andere Regionen hätte nicht nur gravierende negative Folgen für

---

[70] Klimaschutzbericht 2019, https://www.umweltbundesamt.at/fileadmin/site/publikationen/REP0702.pdf.

[71] Im Wettbewerb um die Zukunft 2019.

Wohlstand und Arbeitsplätze, sondern auch deutlich negative Effekte auf das Weltklima. Dies bestätigt eine Studie des Instituts für industrielle Ökologie. Demnach stehen einer eingesparten Tonne CO_2 in Österreich (bei Verlagerung der Produktion ins EU-Ausland) 1,9 Tonnen zusätzlicher CO_2-Emissionen im Ausland – also fast das Doppelte – gegenüber.[72]

7.4.1   Stahlindustrie

Die österreichische Stahlindustrie zählt zu den klimafreundlichsten weltweit. Durch viele Maßnahmen ist es gelungen, die Stahlproduktion weitgehend von den Treibhausgas-Emissionen zu entkoppeln. So konnten pro Tonne produziertem Rohstahl die Emissionen seit 1990 um 24 % gesenkt werden.[73]

BEISPIEL:

Aufgrund neuer politischer Zielvorgaben plant die voestalpine, künftig verstärkt auf strombasierte Stahlerzeugung bzw. den Einsatz von Wasserstoff zu setzen. So soll in einem ersten Schritt bis 2035 ein Teil der Stahlerzeugung durch Elektrolichtbogenöfen erfolgen. Das ermöglicht eine Reduktion der Treibhausgasemissionen um ein ganzes Drittel. Ab 2035 soll schrittweise Wasserstoff als Reduktionsmittel im Hochofenprozess eingesetzt werden, womit Emissionen bis 2050 um über 80 % reduziert werden könnten, unter der Voraussetzung, dass der eingesetzte Strom klimaneutral bereitgestellt wird.

Als erster Meilenstein für den Einsatz von Wasserstoff in der Stahlproduktion gilt die 2019 in Betrieb genommene Pilotanlage in Linz zur Herstellung von grünem Wasserstoff. Mit sechs Megawatt Anschlussleistung ist es die wirkungsvollste und modernste Anlage ihrer Art weltweit.[74]

7.4.2   Zementindustrie

Auch die österreichische Zementindustrie senkt ihre prozessbedingten Emissionen stetig und so konnten die Treibhausgasemissionen auf 521 kg CO_2 pro Tonne Zement reduziert werden. Das liegt deutlich unter dem europäischen Durchschnitt von 674 kg CO_2 pro Tonne produziertem Zement. Außerdem konnten die Unternehmen den Anteil der alternativen Brennstoffe innerhalb von 5 Jahren um rund 10 auf über 80 % erhöhen.[75]

---

[72] climApro-Studie – Produktion in Österreich schützt Klima,
http://www.forumrohstoffe.at/2020/04/16/climapro-studie-produktion-in-oesterreich-schuetzt-klima/.

[73] https://www.umweltbundesamt.at/fileadmin/site/publikationen/REP0702.pdf.

[74] https://www.voestalpine.com/group/de/media/presseaussendungen/2019-11-11-h2future-weltweit-groesste-gruene-wasserstoffpilotanlage-erfolgreich-in-betrieb-gegangen.

[75] https://www.zement.at/downloads/downloads_2019/jahresbericht-2018_2019.pdf.

CO_2-Reduktionen der österreichischen Stahl- und Zement-Industrie:

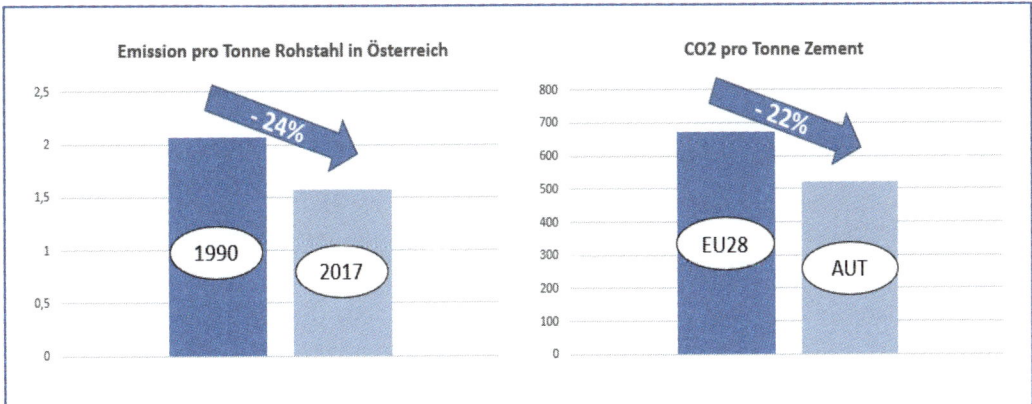

Abbildung 18: CO_2-Reduktionen der österreichischen Stahl- und Zement-Industrie

7.4.3   Steirische Umwelttechnologie

Die Steiermark zählt in vielen Bereichen der Umwelttechnologie zu den Weltbesten. Unter dem Motto „**Die Steiermark ist zwar zu klein, um das globale Problem allein zu lösen – sie ist jedoch groß genug erster Anbieter für entsprechende Technologien zu sein**" können steirische Energie- und Umwelttechnologien einen weltweit wirksamen Beitrag leisten und der heimischen Wirtschaft gleichermaßen nützlich sein.

Wussten Sie, dass bspw. ...[76]

- ... über 20 % des globalen grünen Stroms ein steirisches Herz hat? – Das sichert die tägliche Stromversorgung von rund 300 Millionen Menschen.

- ... steirische Umwelttechnologien 2019 über 700 Megatonnen an CO_2-Emissionen eingespart haben? – Das entspricht etwa dem ca. 9-fachen des jährlichen CO_2-Ausstoßes von Österreich.

- ... mit Biomasse und Solaranlagen aus der Steiermark so viel grüne Wärme und Kälte erzeugt wird, wie die gesamte Fernwärme Deutschlands benötigt?

7.4.4   Fernwärme-Bereitstellung durch die steirische Industrie

Die steirische Industrie produziert nicht nur in großem Maßstab, sie ist in den vergangenen Jahren auch zum Wärmeversorger für einige steirische Städte und Kommunen geworden. Statt die Prozesswärme ungenutzt in Flüsse oder in die Luft abzugeben, wird sie in lokale Fernwärmenetze eingespeist. Eine Win-win-Situation für Wirtschaft und Umwelt.

Rund 25 % des jährlichen Wärmebedarfs von Graz werden mittlerweile von der Papierfabrik Sappi in Gratkorn und der Marienhütte in der Grazer Südbahnstraße gedeckt.

---

[76] https://www.greentech.at/green-tech-valley/.

In Kapfenberg wird schon seit Jahren die Abwärme der Böhler Edelstahl verwendet. 3,5 Gigawattstunden Wärme werden so in das Fernwärmenetz der obersteirischen Stadt eingespeist. 2600 Tonnen CO_2 können so eingespart werden.

Von Norske Skog kommt ein Teil der Fernwärme in Bruck. Dort wird die Restwärme, die bei der Papierproduktion anfällt, sinnvoll genutzt. 500 Haushalte werden mit der industriellen Restwärme versorgt.

In Leoben setzt man auf die Abwärme der voestalpine. Ziel ist es, alle rund 12.000 Haushalte der Stadt an das Fernwärmenetz anzubinden, derzeit werden schon 8000 Haushalte auf diese Weise mit Fernwärme versorgt.

Aus der Zellstofferzeugung in Pöls kommt die Wärme für das Aichfeld und stellt die Versorgung von Pöls, Fohnsdorf, Judenburg und Zeltweg sicher. 15.000 Haushalte erhalten dort die Wärme aus dem Zellstoffwerk.

Mit der Abwärme aus der Glasproduktion von Stölzle Oberglas in Köflach werden jährlich 4.300 Tonnen CO_2 kompensiert. Darüber hinaus ging im Jahr 2018 eine Aufdach-Photovoltaikanlage in Betrieb. Jede der acht einzelnen PV Anlagen bringt es auf eine Nennleistung von rund 200 Kilowatt peak, insgesamt also 1,6 MW peak, was zu Spitzenzeiten 25 % der benötigten elektrischen Leistung des Glaswerks entspricht.

7.4.5   Weitere Technologie-Beispiele aus der Steiermark

Zudem gibt es zahlreiche weitere steirische Beispiele in unterschiedlichsten Bereichen, die sich mit der Entwicklung entsprechender Technologien für den Klima- und Umweltschutz beschäftigen. Nachfolgend zwei Beispiele, welche die Breite der Aktivitäten zeigen sollen.

BEISPIEL:

- Die AVL List. GmbH beschäftigt sich bspw. neben den vielen Forschungsthemen im Bereich der Entwicklung von Antriebssystemen und Testsystemen auch mit der Herstellung von synthetischem Treibstoff („Power-to-Liquid") und der Entwicklung und Konstruktion von Brennstoffzellenantriebssystemen.[77]

- NXP in Gratkorn macht mit seinen kontaktlosen Mikrochips namens MIFARE die Benutzung öffentlicher Verkehrssysteme attraktiver. Sie werden bereits in mehr als 750 Städten auf der ganzen Welt eingesetzt. Darunter befinden sich Metropolen wie London, Moskau oder Rio de Janeiro. Auch in Graz wird der Chip von NXP verwendet – beim Car- und Bikesharing-Angebot TIM.[78]

Allen Beispielen gemein ist, dass sie hochspezialisierte Prozesse und Anlagen und damit einhergehend auch die entsprechenden Fachkräfte brauchen. Zugleich sorgen diese und zahlreiche weitere Innovationen aber auch dafür, dass die Steiermark im internationalen Wettbewerb den Anschluss nicht verliert bzw. ihre nationale und internationale Position als Forschungs- und Innovationsregion weiter ausbauen kann.

---

[77] https://www.avl.com/.

[78] https://de.wikipedia.org/wiki/Mifare.

7.5 Ableitungen für den Wirtschaftsstandort

Unterschiedliche globale, nationale und regionale Anforderungsniveaus bei der Implementierung von Maßnahmen in den Bereichen „Klima, Energie und Nachhaltigkeit" können dazu führen, dass Unternehmen aufgrund von regional ungleich höheren Kosten ihre Produktion nicht aufrechterhalten können und ihre heimischen Standorte schließen müssen. Dies hat neben den gravierenden volkswirtschaftlichen Konsequenzen durch den Verlust von Arbeitsplätzen etc. auch zur Folge, dass aufgrund von weniger fortschrittlichen Technologien und zusätzlichen Emissionen beim Transport global gesehen deutlich mehr Treibhausgase emittiert werden.

Die entscheidende Frage lautet: Wie können wir die Klimaziele erreichen und gleichzeitig unseren Standort als Basis für Wertschöpfung, Beschäftigung und Wohlstand erhalten?

Der steirischen Industrie ist es in den letzten Jahrzehnten bereits gelungen, mit ihrer Innovationskraft einen bedeutenden Beitrag für den Klima- und Umweltschutz in vielen wesentlichen Bereichen zu leisten. Damit diese Rolle der heimischen **Industrie** als der „**Schlüsselakteur**" einer erfolgreichen Transformation zu einem klimaneutralen Energie- und Wirtschaftssystem, der Arbeitsplätze schafft und unseren Wohlstand erhält bzw. ausbaut, nicht entscheidend gefährdet wird, sind insbesondere bei regionalen Vorgaben die nachfolgenden zentralen Aspekte und Zusammenhänge zu berücksichtigen:

- faire **Rahmenbedingungen** – kein regionales Gold-Plating
- **Versorgungssicherheit** und **Leistbarkeit** von Energie – die energieintensive Produktion als wichtigen Wirtschaftszweig in der Steiermark halten
- ein **industriefreundliches Klima** als Basis für heimische umweltfreundliche Produktion und ökologische Innovationen
- **Investitionen** in klima- und umweltrelevante **Forschung, Entwicklung und Innovation**
- **Planungs- und Rechtssicherheit**
- rasche und unbürokratische **Genehmigungsverfahren**

In Summe ermöglicht erst das Zusammenspiel vieler **Faktoren** geeignete Rahmenbedingungen für einen nachhaltig erfolgreichen **Wirtschafts- und Technologiestandort**. Wesentlich dabei ist, dass in die vielen Debatten um neue und langfristig ausgerichtete Strategien im Klima- und Energie-Bereich ein **ganzheitlicher Ansatz** herangezogen wird. In diesen muss auch die Industrie eingebettet sein, die Garant für Wohlstand und Arbeitsplätze ist.

Kapitel 8

Klimafreundliche Land- und Forstwirtschaft – Teil der Lösung im Kampf gegen den Klimawandel

Dr. Christian Metschina, Referat Energie, Klima und Bioressourcen der Landwirtschaftskammer Steiermark

8.1 Dreifachrolle der Land- und Forstwirtschaft im Klimawandel

Landwirtschaft und Klima sind untrennbar miteinander verbunden. Die Berichte des Weltklimarates zeigen, dass die Landwirtschaft im Zuge des Klimawandels, wie kein anderer Sektor, vor gravierenden Herausforderungen steht. Die Land- und Forstwirtschaft ist dabei in einer Dreifachrolle: Sie ist unmittelbar vom Klimawandel betroffen, verursacht produktionsbedingt selbst Treibhausgase, liefert aber zugleich seit Jahren aktiv Lösungen für den Klimaschutz. Der Anteil der Treibhausgasemissionen aus der Landwirtschaft an den Gesamtemissionen beträgt in Österreich rund 10 %. Der heimischen Land- und Forstwirtschaft ist es als einzigem produzierenden Sektor gelungen, durch umfassende Reduktionsmaßnahmen im eigenen Wirkungsbereich die Emissionen gegenüber 1990 um rund 15 % zu senken.

Die nachhaltige Kreislaufwirtschaft trägt dazu bei, die weitere Anreicherung von schädlichem fossilen CO_2 in der Atmosphäre einzudämmen. Hauptverursacher des Klimawandels ist die Verbrennung von Kohle, Erdöl und Erdgas, auf deren Konto 85 % der Emissionen gehen.

Wie man Klimaschutz in der Praxis lebt, zeigt gerade die heimische Land- und Forstwirtschaft seit Jahrzehnten vor. So konnte sie ihre Klimaeffizienz in den letzten Jahren deutlich steigern. Im Vergleich zu Drittstaaten, und umgerechnet auf die Produktionseinheit, werden in Österreich deutlich geringere Emissionen verursacht. Der positive Effekt: Mit weniger als 10 % der Gesamtemissionen versorgen unsere Bauern die heimische Bevölkerung mit hochwertigsten Lebensmitteln und mit nachwachsenden Rohstoffen. Gleichzeitig sichern sie die nachhaltige Bewirtschaftung unserer Kulturlandschaft. Deren Erhalt ist eine wesentliche Basis für die Erfolge der heimischen Tourismusbranche.

Gerade in Krisenzeiten wird uns klar vor Augen geführt, wie wichtig ein gewisses Maß an Eigenversorgung bei Lebensmitteln in unserem Land ist. Hinzukommen Leistungen für andere Branchen – wie den Energiesektor – durch die Bereitstellung von

Biomasse. So produziert die Land- und Forstwirtschaft zum Beispiel zehnmal mehr Energie, als sie selber benötigt – davon profitieren viele andere Sparten. Was den Klimaschutz betrifft, sind unsere steirischen Landwirte echte Vorbilder.

Auf dem Weg zur Klimaneutralität sind alle Sektoren und Branchen gefordert, ihren Beitrag zu leisten. Die heimischen Bauern nehmen den Klimawandel ernst und sind heute und in Zukunft Teil der Lösung im Kampf gegen die Klimakrise.

8.1.1 Entwicklung der Land- und Forstwirtschaft in der Steiermark

Die Land- und Forstwirtschaft umfasst alle Zweige der land- und forstwirtschaftlichen Erzeugung und ihre Nebenbetriebe, die die Verarbeitung der eigenen Erzeugnisse betreffen. Des Weiteren gehören die land- und forstwirtschaftlichen Hilfsbetriebe, die der Herstellung und Instandhaltung der land- und forstwirtschaftlichen Betriebsmittel für den eigenen Bedarf dienen, dazu.[79]

Für die Steiermark ist ein leichter Rückgang der landwirtschaftlich genutzten Flächen charakteristisch. Dies ist zu einem Gutteil auch dem Bodenverbrauch geschuldet. Laut Umweltbundesamt gingen im Jahr 2019 österreichweit rund 13 ha pro Tag an Ackerfläche verloren.

Die Zahl der land- und forstwirtschaftlichen Betriebe unterliegt einem langfristigen Abwärtstrend. Wurden 1980 noch 64.500 Betriebe gezählt, so waren es 2016 nur mehr 36.500 Betriebe. So wurden durchschnittlich 776 Betriebe im Jahr für immer geschlossen. Daran hängen in der Regel etwa 1,5 weitere Arbeitsplätze, die mit dieser Betriebsaufgabe verloren gehen. In den letzten Jahren, seit der Finanzkrise, ist jedoch ein gewisses Umdenken der Betriebsinhaber festzustellen, da die Wertigkeit von Grund und Boden als wirtschaftlicher oder ideeller Rückhalt gestiegen ist. Einerseits flacht die Abnahmekurve der Vollerwerbsbetriebe etwas ab, andererseits finden gerade Nebenerwerbsbetriebe durch neue Marktzugänge auch innovative Marktmöglichkeiten vor. Faktum ist dennoch, dass die Kleinstrukturiertheit steirischer Betriebe Kostennachteile bringt und man im internationalen Preiswettbewerb ohne agrarpolitische Ausgleiche in der Regel nicht mithalten kann.

Mit einer Waldfläche von 1,006 Millionen ha und einem Bewaldungsgrad von 61,4 % repräsentiert die Steiermark das waldreichste Bundesland Österreichs. Knapp 870.000 ha werden dem Ertragswald zugerechnet, welcher sich auf 40.100 Waldbesitzer verteilt. Die Wald- und Forstwirtschaft spielt für den Wirtschaftsraum Steiermark seit jeher eine entscheidende Rolle. Mehr als 55.000 Menschen in der Steiermark erzielen ihr Arbeitseinkommen aus der Waldbewirtschaftung und der nachgelagerten Weiterverarbeitung. Pro Jahr wird ein Produktionswert von € 4,5 bis 5 Mrd erreicht. Die starke Außenhandelsorientierung zeigt sich in einer Exportquote von ca. 65 %.

---

[79] Karner et al. Die Grüne Mark (2006).

In der Steiermark lag der Holzeinschlag in den letzten Jahren bei durchschnittlich 5 Millionen Festmeter, bei einem möglichen nachhaltigen Nutzungspotenzial von 6,5 Millionen Festmeter. Durch den starken Borkenkäferbefall in den nördlichen Bundesländern und den angrenzenden Staaten Tschechien, Deutschland und Slowenien kam es zu einem deutlichen Preisverfall. 2019 wurden daher in den steirischen Wäldern nur 3,9 Millionen Festmeter Holz geerntet. 54,8 % wurden für die Sägeindustrie zur Verfügung gestellt, 19,4 % in der Papierindustrie weiterverarbeitet und 25,8 % wurden der energetischen Verwendung zugeführt. Der Schadholzanfall, verursacht durch Sturm und Schneebruch bzw. Borkenkäferbefall, lag bei 1,9 Millionen Festmeter oder 47,4 % des Gesamteinschlages.

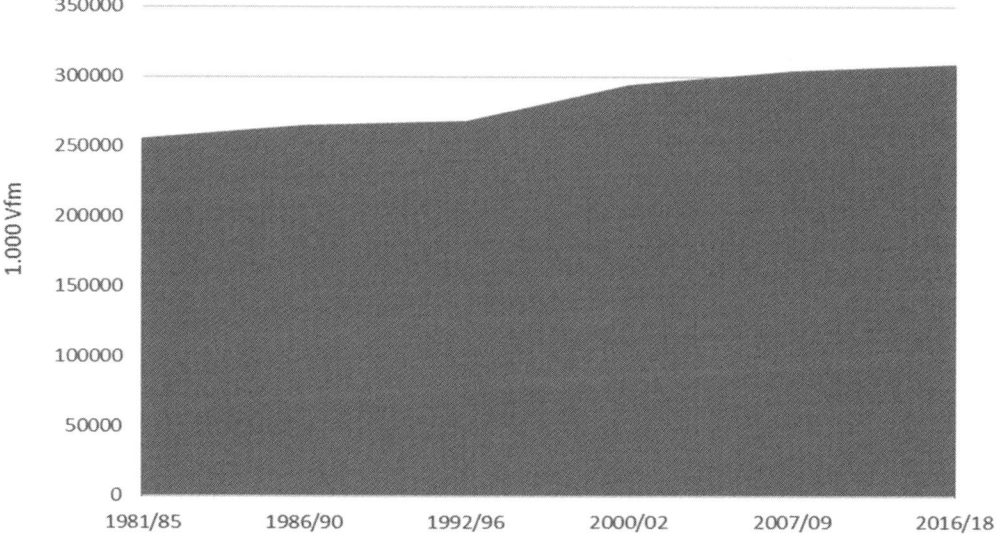

Abbildung 19: Entwicklung Holzvorrat in der Steiermark[80]

8.2   Land- und Forstwirtschaft ist hauptbetroffener Sektor des Klimawandels

Die land- und forstwirtschaftlichen Betriebe bemühen sich in allen Regionen Österreichs um die Versorgung der Bevölkerung mit hochwertigen Lebensmitteln und nachwachsenden Rohstoffen. Nachhaltige Bewirtschaftungsformen tragen maßgeblich zu stabilen Lebensräumen in einer vielfältigen Kulturlandschaft bei. Mit ihrer Werkstätte unter freiem Himmel ist die Land- und Forstwirtschaft, wie kein anderer Sektor, den Folgen des Klimawandels schonungslos ausgesetzt. Zu den für Österreich prognostizierten Veränderungen des Klimas gehören eine Zunahme von Extremwetterereignissen, wie Starkregenfällen sowie Hitze- und Trockenperioden, ein

---

[80] Bundesforschungszentrum Wald (2019).

Anstieg der Temperaturen, eine Verlagerung der Vegetationsperioden und zunehmende Spätfröste. Zusätzlich begünstigt das sich verändernde Klima die Ausbreitung neuer, in unserem Land noch nicht bekannter Schädlinge.

Das Jahr 2019 konfrontierte die heimische Landwirtschaft etwa mit der gesamten Palette an ausgeprägten Wetterextremen. Erstmals war auch der nördlichste Teil der Steiermark stark von Trockenheit betroffen, ein Zeichen für ein besonders bedrohliches Gesicht des fortschreitenden Klimawandels. Der wärmste, sonnigste und trockenste Juni in der 253-jährigen Messgeschichte legte, gefolgt von anhaltender Hitze und Trockenheit, den Grundstein für enorme Ertragsausfälle bei Grünland im oberen Mur-, Mürz-, Liesing- und Ennstal. Dazu kamen starke Schäden durch Engerlinge im Ausseerland, aber auch im Raum Murau.

In den südlichen Teilen des Landes war der für die Jugendentwicklung der Pflanzen so wichtige Mai generell zu kalt, zu trüb und zu feucht, sodass Kürbisse und andere Ackerfrüchte teils sogar erneut angebaut werden mussten. Gepaart mit der darauffolgenden Sommertrockenheit kam es auf wenig wasserhältigen Böden zu erheblichen Ertragsverlusten und verspäteter Reife.

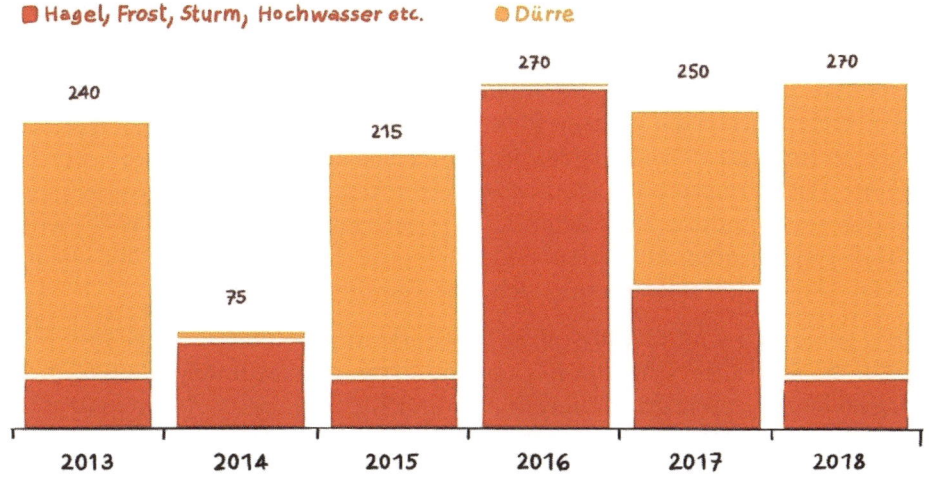

Abbildung 20: Schäden in der heimischen Landwirtschaft in Millionen Euro[81]

8.2.1 Negative Auswirkungen für Pflanzenbau und Tierhaltung

Im Pflanzenbau sind negative Effekte durch einen Anstieg der Temperaturen, bspw. durch eine Verkürzung der Reifezeit und damit der Kornfüllungsphase bei Getreide, zu verzeichnen. Ebenso kommt es zur Schädigung des Ährenansatzes während der Blüte durch extreme Hitze und generell zu einem erhöhten Wasserstress durch gesteigerte Verdunstungsraten. Mildere Herbst- und Wintertemperaturen bergen die

---

[81] Österreichische Hagelversicherung (2019).

Gefahr, dass Winterkulturen nach der Aussaat im Herbst nicht rechtzeitig das Wachstum zurückfahren, um im Überwinterungsstadium die kalte Jahreszeit zu überdauern, und es zu Schäden durch Erfrierung kommt. Bestimmte Kulturen, wie bspw. Raps, Gerste und Weizen benötigen im Winter für ihre weitere Entwicklung eine längere Kälteperiode. Fällt dieser sogenannte Vernalisationsreiz aufgrund zu milder Wintertemperaturen aus, kommen die Pflanzen im darauffolgenden Frühjahr nicht zur Blüte und es drohen Ernteausfälle. Problematisch ist ferner in diesem Zusammenhang ein erhöhter Schädlingsdruck, wenn diese bei milden Wintertemperaturen überwintern.

Die Auswirkungen steigender Temperaturen auf die Tierhaltung sind komplex. Zum einen ergeben sich direkte Effekte dadurch, dass Tiere in Ställen und auch im Freiland unter steigenden Temperaturen leiden und es zu erhöhten Stresssituationen und Wachstumseinbußen kommen kann. Zusätzlich ergeben sich indirekte Effekte auf die Tierhaltung durch eine Änderung der Futter- und Wasserverfügbarkeit sowie durch Krankheitserreger. Extreme Hitzesommer mit anhaltenden Dürreperioden schädigen vielerorts den Grünlandaufwuchs, wodurch vielen Tierhaltern die Futtergrundlage genommen wird.

8.2.2   Heimische Wälder unter Druck

Eine besondere Herausforderung stellt der Klimawandel für die heimische Forstwirtschaft dar. Viele Baumarten geraten aufgrund der zunehmenden Hitzeperioden und des damit verbundenen Trockenstresses immer stärker unter Druck. Bei der Fichte führen diese Witterungsveränderungen in vielen Regionen zu hoher Anfälligkeit für Borkenkäfer. Auch andere Baumarten sind zunehmend gefährdet. Das Ulmen- und Eschentriebsterben, aber auch neu eingeschleppte Schädlinge wie der Asiatische Laubholzbockkäfer sind mittlerweile nicht nur Forstleuten ein Begriff.

Besonders gefährlich sind die beiden Fichtenborkenkäfer, Buchdrucker und Kupferstecher. Die Biologie dieser beiden Borkenkäferarten erlaubt ihnen, temperatur- und witterungsabhängig, mehrere Generationen und Geschwisterbruten anzulegen und damit eine exponentielle Zuwachsrate zu erreichen. So können unter günstigen Bedingungen von einem Weibchen über 60.000 Jungkäfer produziert werden. Zunehmende Wärme und Trockenheit beschleunigt einerseits die Massenvermehrung dieser Käfer und schwächt andererseits die Vitalität der Fichten.

Die fehlende Winterfeuchtigkeit im Waldboden schwächt vor allem die flachwurzelnde Fichte. Durch Windwurfereignisse wird weiträumig verteilt bruttaugliches Material angeboten. Werden diese geworfenen Bäume übersehen, kann sich eine sehr starke erste Borkenkäfergeneration entwickeln. Die erfolgreiche Bekämpfung des Frühjahrsbefalls ist für die Verhinderung einer Massenvermehrung entscheidend. Die großflächige Verbreitung der Fichte, die grundsätzlich von ihrem Vorkommen her eine sehr breite Amplitude aufweist, und die bedeutende wirtschaftliche Rolle dieser vielseitig verwendbaren Baumart, machen die Situation so herausfordernd. Extremwetterereignisse, wie Sturm oder starker Schneefall, tun ihr Übriges, um den Schadholzanteil der Holzernte zu vergrößern.

Für die Waldbesitzer wird die Lage durch die steigenden Zwangsnutzungen zunehmend angespannter. Die Borkenkäfermassenvermehrung in Mitteleuropa brachte allein im Jahr 2018 über 10 Millionen Festmeter Käferholz auf den Markt, wodurch auch die heimischen Holzpreise extrem nachgegeben haben. Umso wichtiger erscheint in diesem Zusammenhang der Ausbau der energetischen Verwertungsschienen für sonst am Markt nicht absetzbare, minderwertige Holzsortimente.

8.3   Klimafreundliche Land- und Forstwirtschaft als Teil der Lösung im Kampf gegen den Klimawandel

Die heimische Land- und Forstwirtschaft ist ein wesentlicher Teil der Lösung im Kampf gegen den Klimawandel. Durch den Anbau und Einsatz von nachwachsenden Rohstoffen trägt sie dazu bei, Treibhausgasemissionen (THG) durch den Ersatz fossiler Energieträger zu senken. In der Verbesserung der Effizienz landwirtschaftlicher Prozesse, wie der Düngung und der Fütterung, liegt ein weiterer Schlüssel für die weitere Reduzierung der Emissionen.

Ein Blick auf die THG im Sektor Land- und Forstwirtschaft zeigt erfreulicherweise einen rückläufigen Trend bei den Emissionen. Dabei wird ein wesentlicher Teil der THG-Einsparungen durch biogene Energieträger und nachwachsende Rohstoffe derzeit anderen Sektoren (Raumwärme, Verkehr, Industrie, Energiewirtschaft) zugerechnet. In Zukunft muss eine adäquate Anrechnung bzw. Anerkennung der sektorübergreifenden Leistungen der Land- und Forstwirtschaft für den Klimaschutz bei den Klima- und Energiezielen vorgenommen werden.

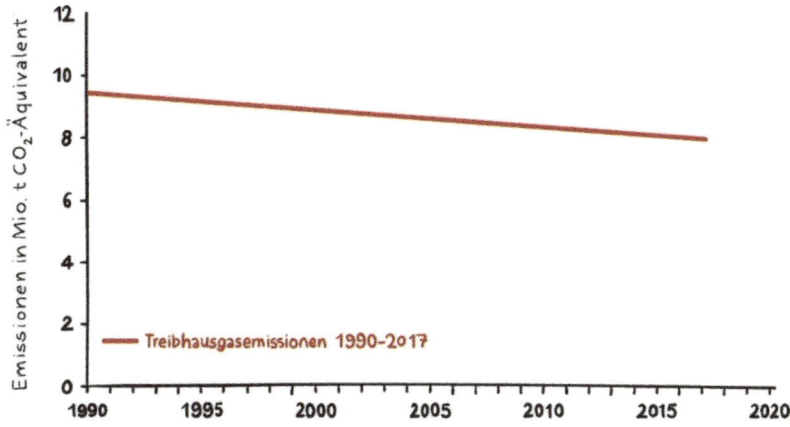

Abbildung 21: Entwicklung der Treibhausgasemissionen im Sektor Land- und Forstwirtschaft[82]

---

[82] Umweltbundesamt 2019.

Treibhausgasemissionen des Sektors Landwirtschaft

Durch die Verantwortung für die Ernährungssicherung nimmt die Landwirtschaft unter allen Wirtschaftssektoren eine Sonderposition ein. Ihre vorrangige Aufgabe ist die Bereitstellung von Nahrungsmitteln. Die Erzeugung von Nahrungsmitteln ist nicht ohne die damit verbundenen natürlichen, prozessbedingten Treibhausgasemissionen möglich. Die regionale Versorgung mit Nahrungsmitteln und Rohstoffen wird umso wichtiger, als man global davon ausgeht, dass durch die Folgen des Klimawandels mit Ertragsrückgängen zu rechnen ist.

Die Treibhausgasemissionen des Sektors Landwirtschaft entstehen zu 47 % bei der Fermentation in Rindermägen, zu 25 % bei der Düngung landwirtschaftlicher Böden, zu 12 % beim Wirtschaftsdüngermanagement und zu 11 % beim Energieeinsatz in der Land- und Forstwirtschaft. Ein kleiner Teil ist auf „sonstige Quellen" zurückzuführen, wie die enterogene Fermentation bei Schafen und Ziegen, Harnstoffdüngung und dem Kalken von landwirtschaftlichen Böden. Der Anteil der Treibhausgasemissionen aus der Landwirtschaft an den gesamten THG-Emissionen beträgt in Österreich rund 10 % bzw. 8,2 Mio Tonnen CO_2-Äquivalente. Der Land- und Forstwirtschaft ist es als einzigem produzierenden Sektor gelungen, durch umfassende Reduktionsmaßnahmen im eigenen Wirkungsbereich die THG-Emissionen gegenüber 1990 um fast 15 % zu reduzieren.

8.3.1   Klimafitte Forstwirtschaft in der Steiermark

Der Wald mit seiner Funktion als Lebensraum für Menschen, Tiere und Pflanzen ist eine wesentliche Grundlage für die ökologische, ökonomische und soziale Entwicklung unseres Landes. Seine nachhaltige Pflege und sein Schutz bilden die Voraussetzung zur Erhaltung der Nutz-, Schutz-, Wohlfahrts- und Erholungsfunktion. Dafür sorgen 40.100 Waldbewirtschafter, die ihre Wälder in Eigenverantwortung, aber nach strengen gesetzlichen Rahmenbedingungen pflegen, gestalten und somit erhalten. Waldbewirtschaftung ist aktiver Klima- und Umweltschutz.

Konkrete Lösungsansätze und strategische Anpassungen für eine weiterhin klimafitte Forstwirtschaft sind die Erhöhung der Baumarten- und Strukturvielfalt und Förderung von Mischbeständen. Die regional angepasste Einbringung verschiedener Mischbaumarten führt zu einer größeren Risikostreuung. Ein mehrschichtiger Kronenaufbau im Waldbestand trägt zu einem verbesserten Bestandsklima bei und verringert die Austrocknung und Durchwindung des Bestandes. Grundlage und Indikator für ein tragbares Wald-Wild-Verhältnis ist das Aufkommen einer artenreichen, vitalen Waldverjüngung. Mit einer individuellen Revierbewertung und Zustandserhebung können sowohl waldbauliche als auch jagdliche Maßnahmen gesetzt werden.

Die rasche Bekämpfung und Vermeidung von Schädlingen wird immer wichtiger. Grundsätzliche Beachtung der Waldhygiene und sorgfältige Schadholzaufarbeitung erhöhen die Widerstandskraft der Waldbestände. Eine ausreichende Grob- und Feinerschließung gewährleisten die Erreichbarkeit der Waldflächen.

Alle waldbaulichen Maßnahmen sind auf dem Hintergrund der aktuellen Kosten, der betriebswirtschaftlichen Überlegungen und der langfristigen ökologischen Auswirkungen abzuwägen. Durch Berücksichtigung der genannten Maßnahmen kann der gigantische Kohlenstoffspeicher unserer Wälder und Waldböden weiter gesteigert werden. Die Voraussetzung dafür ist eine aktive und nachhaltige Nutzung des Rohstoffes Holz. Nur vitale und aktiv bewirtschaftete Waldbestände versorgen die heimische Holzindustrie mit den benötigten Holzsortimenten und leisten so aktiven Klimaschutz.

Nachhaltige Waldbewirtschaftung versus Stilllegung von Wäldern

Integration und nicht Segregation lautet seit Jahrhunderten das Erfolgsrezept der österreichischen Forstwirtschaft. Das bedeutet, dass auf ein und derselben Fläche alle Waldfunktionen, nämlich die Schutz-, Nutz-, Wohlfahrts- und Erholungsfunktion, gewährleistet sein müssen. Der Erfolg im internationalen Vergleich gibt uns recht. Während andere Staaten auf Forstplantagen größten Ausmaßes setzen, die unweigerlich nach der Nutzung zu enormen Kahlflächen und Bodenzerstörung führen und diese Bewirtschaftungsform durch das Belassen von „Naturparzellen" legitimieren, legt unsere kleinflächige Familienforstwirtschaft Wert auf Nachhaltigkeit, Sozialpflichtigkeit und die Weitervererbung gesunder, artenreicher Waldbesitzungen.

In einem unbewirtschafteten Wald wechseln sich die natürlichen Phasen des Wald-Lebenszyklus ab. Der während der Wachstumsphase gebundene Kohlenstoff wird beim Verrotten des Holzes wieder in die Umwelt abgegeben. Der CO_2-Kreislauf ist geschlossen. Die Gesamtmenge an Kohlenstoff, die im Wald gespeichert ist, bleibt in etwa gleich groß. Zusätzliche Kohlenstoffspeicher oder eine Substitution fossiler Rohstoffe gibt es nicht. Unbewirtschaftete Wälder führen dauerhaft nicht zu einer CO_2-Einbindung. Bei nachhaltiger Bewirtschaftung wird der Wald möglichst optimal in der Wachstumsphase gehalten und bindet so ständig CO_2 aus der Atmosphäre. Jedes Jahr wird nur ein kleiner Teil des Bestands geerntet, die verbleibenden Bäume binden weiterhin Kohlenstoff. Dieser bleibt in Form von Holzprodukten über Jahrzehnte gespeichert und ersetzt Materialien, die auf fossilen Rohstoffen basieren und unter großem Energieaufwand hergestellt werden müssen.[83]

Die aktive Waldbewirtschaftung, mit entsprechenden Einkommensmöglichkeiten im ländlichen Raum, hat nicht nur zu einer Ausweitung der Waldfläche, sondern auch zu einer Erhöhung der Holzvorräte in der EU um 8 Milliarden Festmeter seit 1990 geführt. Diese Steigerung entspricht dem 7-fachen Holzvorrat Österreichs. Mitteleuropa gehört zu den Regionen mit den weltweit höchsten Holzvorräten. In der Steiermark liegt der durchschnittliche Holzvorrat mit beinahe 300 Festmetern pro Hektar um mehr als das Doppelte über dem globalen Schnitt. Insgesamt ist der Holzvorrat in Österreich in den letzten 50 Jahren um die Hälfte angestiegen und hat mit fast 1,2 Milliarden Festmeter ein Allzeithoch erreicht.[84]

---

[83] Holzenergieverband Baden Württemberg.
[84] Global Forest Resources Assessment (FRA), ÖBMV 2020.

8.3.2   Klimafitte Landwirtschaft in der Steiermark

Gerade in Krisenzeiten zeigen sich die Stärken der Landwirtschaft. Regionale Versorgungsstrukturen werden geschätzt und dankbar angenommen. Direktvermarktung und Regionalität boomen, man sucht den direkten Kontakt zum bäuerlichen Produzenten. Das zeugt von Vertrauen. Dieser Weg muss jedoch konsequent weiter beschritten werden, denn erst dann treten handfeste volkswirtschaftliche Effekte ein. 1 % mehr heimische Lebensmittel statt des Imports bringt 17.000 neue Arbeitsplätze, 40 % davon in der Landwirtschaft.[85]

Hinzu kommen die positiven Effekte für den Klimaschutz. Wer heimische Lebensmittel internationalen vorzieht, kann – auf Basis eines definierten Warenkorbes – im Schnitt 98 % der Transportkilometer bzw. 97 % der THG einsparen. Damit auch unter klimatisch veränderten Bedingungen die Produktionssicherheit für eine regionale Lebensmittelversorgung gegeben ist, müssen daher auch in der Ackerbewirtschaftung die Weichen entsprechend gestellt werden. Immer mehr Bauern sehen in diesem Zusammenhang Humusaufbau und Bodenschutz als wesentliche Erfolgsstrategie und betriebliche Überlebensversicherung. Sie betreiben mit fachlicher Unterstützung des Kompetenzzentrums für Acker, Humus und Erosionsschutz und dem Pflanzenbau-Versuchsreferat klimafitten Ackerbau und machen ihre Böden zukunftsfähig. Dabei werden die Themen Humuserhalt, Fruchtfolge, Biodiversität, Erosionsschutz, Bodenverdichtung, Bodenwasser- und Bodenlufthaushalt angesprochen. Gemeinsam mit den landwirtschaftlichen Fachschulen und innovativen Landwirten werden neue Kulturen und Bodenbearbeitungstechniken getestet. Ziel ist es, die Böden bestmöglich auf die Herausforderungen des Klimawandels vorzubereiten.

Die ersten Schritte sind die Beseitigung von Verfestigungen und gezielte Düngungsmaßnahmen auf Basis einer Bodenuntersuchung. In weiterer Folge gilt es, die Bodenlebewesen durch den Anbau von Zwischenfrüchten, winterharten Gründecken und alternativen Kulturen zu fördern. Diese Bodenlebewesen speichern Nährstoffe und bauen Humus auf. Sie schaffen damit auch eine optimale Verteilung von Grob-, Mittel- und Feinporen als Voraussetzung für eine gute Durchlüftung und eine hohe Wasserspeicherfähigkeit.

Der Einsatz von neuen Kulturen wie Hirse, Speiseleguminosen und Kleinsämereien, sorgt gemeinsam mit Zwischenfrüchten und Blühmischungen für mehr Artenvielfalt. Diese fördert Bienen, Wildinsekten und alle Arten von Bodenlebewesen. Als Nebenprodukt dieser klimafitten Bewirtschaftung wird mehr CO_2 aus der Luft aufgenommen und im Humus gespeichert. Die Landwirtschaftskammer bearbeitet derzeit an 25 Versuchsstandorten gemeinsam mit engagierten Praktikern auf rund 1.200 Versuchsparzellen Fragen der klimafitten Bodenbewirtschaftung, der Erhöhung der Bodenfruchtbarkeit, des Humusaufbaues, der verbesserten Nährstoffeffizienz und der gesteigerten Ertragssicherheit zur Erhöhung der Versorgungssicherheit.

---

[85] Studie der Johannes Kepler Uni Linz/Gesellschaft für Angewandte Wirtschaftsforschung, Oktober 2015.

Optimierte Stickstoffverwertung

Die Rinderhaltung wird insbesondere aufgrund der durch das Wiederkäuerverdauungssystem bedingten Methanemissionen als Emittent von Treibhausgasen in der Landwirtschaft genannt. Rinder emittieren durch ihr Verdauungssystem Methan, da sie durch ihr Magensystem in der Lage sind, rohfaserreiche Futtermittel, die regional wachsen, wie Gras, Klee etc. aufzuspalten und in Nahrungsmittel (Milch und Fleisch) umzuwandeln. Methan ist ein Nebenprodukt dieses Umwandlungsprozesses und hat in Österreich einen Anteil von ca. 5 % aller Treibhausgase.

Ohne den Aufschluss über den Wiederkäuermagen ist Grünland für den Menschen nicht verwertbar, weshalb die Haltung von Wiederkäuern die einzige Möglichkeit der Nahrungsmittelproduktion im Grünland darstellt. Die Grünlandnutzung durch Wiederkäuer dient auch der Offenhaltung der Kulturlandschaft und leistet somit einen Beitrag für die gesamte Gesellschaft, der weit über die Nahrungsmittelproduktion hinausgeht. Durch nachhaltige Weidehaltung wird auch die Bodenfruchtbarkeit gefördert.

Darüber hinaus fällt durch die Rinderhaltung, und durch die landwirtschaftliche Tierhaltung allgemein, wertvoller organischer Wirtschaftsdünger an, der zu Humusaufbau und Bodenfruchtbarkeit beiträgt. Ohne Wiederkäuer würden die Grünlandregionen verwalden und als „indirekte" Nahrungsmittelquelle versiegen. Die heimische Rinderproduktion weist im internationalen Vergleich eine sehr gute Treibhausgasbilanz auf. Dies ist auf den hohen Selbstversorgungsgrad an Futtermitteln und den hohen Grünlandanteil zurückzuführen.

Mit dem Ziel der optimalen Stickstoffverwertung werden seit Jahren Maßnahmen zur Reduzierung von Lachgasemissionen gesetzt. Neben der generellen Verringerung der Stickstoffüberschüsse und verlustmindernden Ausbringungsmethoden zählen dazu vor allem pflanzenbauliche Maßnahmen, um ein optimales Pflanzenwachstum und damit die Stickstoffaufnahme zu gewährleisten. Dies beinhaltet Pflanzenschutzmaßnahmen, Be- und Entwässerung und die ausreichende Versorgung mit anderen Nährstoffen. Anpassungen in der Fruchtfolgegestaltung, Züchtungsfortschritte bei Pflanzen oder die Durchführung von Bodenanalysen dienen ebenso dazu, Stickstoff möglichst effizient nutzen zu können. Durch klimagerechte Gestaltung von Stallbauten und angepasste Fütterungssysteme sollen die Emissionen aus der Tierhaltung weiter reduziert werden.

8.3.3 Energieeffiziente und klimafitte Bauernhöfe

Landwirtschaftliche Betriebe als Innovationsmotoren

Unzählige Prototypen im Energiebereich sind auf landwirtschaftlichen Betrieben zu international marktfähigen Energietechnologien weiterentwickelt worden. Dazu gehören die ersten Solaranlagen oder die Entwicklung der ersten vollautomatischen Biomassehackgutfeuerungen in den 1980er Jahren. Öl, Gas und Kohle wurden sukzessive durch klimafreundliches Waldhackgut ersetzt. Mit Hochdruck wird an neuen

Lösungen für eine erdölfreie Land- und Forstwirtschaft gearbeitet. Energiefitte Bauernhöfe kennen ihren Energieverbrauch und setzen aktiv Maßnahmen, um die Energieeffizienz zu steigern. Ein Großteil der benötigten Energie wird am Betrieb bereitgestellt.

Die Einsatzbereiche reichen dabei von Biomassefeuerungen, Holzgasanlagen und Solarthermie über Photovoltaik, Agrarphotovoltaik und Stromspeichern bis hin zur Elektromobilität. Die Landwirtschaft der Zukunft ist smart und spart Energie, um in Zeiten von Automatisierung, Digitalisierung und steigender Energiekosten weiterhin wettbewerbsfähig zu bleiben. Hohe Eigenversorgungsraten reduzieren die Betriebskosten und erhöhen dadurch die Resilienz und Wettbewerbsfähigkeit.

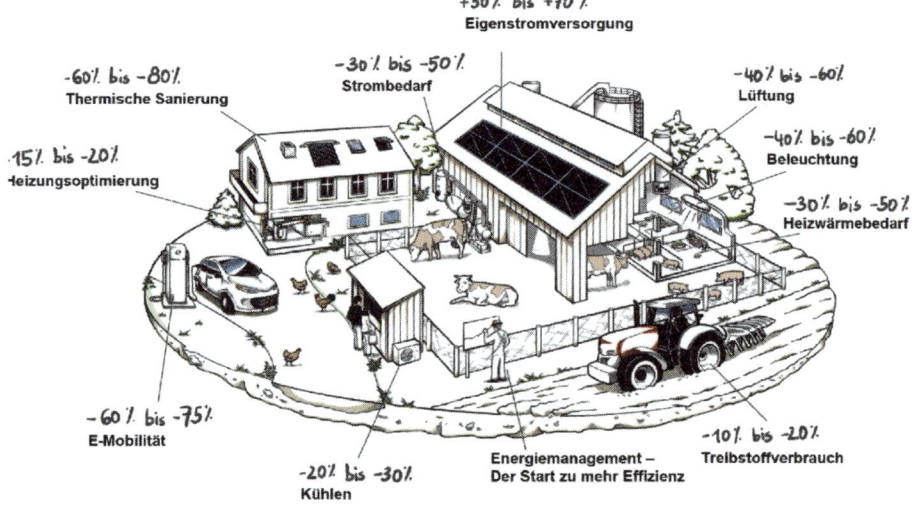

Abbildung 22: Energieeffizienzpotential auf landwirtschaftlichen Betrieben[86]

8.3.4 Bioenergie aus der Land- und Forstwirtschaft als Rückgrat der steirischen Energiewende

Die Steiermark zeigt, dass die nachhaltige Bewirtschaftung unserer Wälder, die Entwicklung einer weltweit führenden Holzindustrie und die Ausweitung der energetischen Biomassenutzung Hand in Hand gehen und eine Fülle von Synergieeffekten erzeugen. Die heimische Biomassetechnologie ist weltweit gefragt, ihre Erfolgsbilanz groß: Pellets-, Scheitholz- und Hackgutkessel, Nahwärmenetze, die Stromerzeugung auf der Basis von Holzgas oder die zeitgleiche Erzeugung von Biodiesel und Futtermitteln – immer auch in enger Verknüpfung mit Wissenschaft und Forschung – sind nur einige Beiträge zur weltweiten Energiewende. Die Steiermark hat bei der energetischen Verwertung von Biomasse einen dezentralen Weg eingeschlagen. Über 550 Nahwärmeanlagen und Heizkraftwerke, 40 Biogasanlagen und mehr als 225.000

---

[86] LK Steiermark.

Scheitholz-, Hackschnitzel- und Pelletsheizungen, Kaminöfen, Herde oder Kachelöfen sichern die Energieversorgung.[87]

Bioenergieanteil wichtigster heimischer Energieträger

Der Bruttoinlandsverbrauch in der Steiermark ist zwischen 1990 und 2018 von 174 PJ auf 229,9 PJ angestiegen. Im selben Zeitraum konnte der Primärenergieverbrauch an Bioenergie von 22,9 PJ auf 42,6 PJ nahezu verdoppelt werden. Mit einem Anteil von 67 % ist Bioenergie der wichtigste erneuerbare Energieträger in der Steiermark. Ohne Bioenergie läge die Steiermark beim Anteil Erneuerbarer Energien (Bruttoend-energieverbrauch) bei 9 % – mit Biomasse erzielt man 29,6 % und liegt damit knapp unter dem Bundesschnitt.[88] In der Klima und Energiestrategie „KESS2030" hat sich das Land Steiermark bis zum Jahr 2030 einen Anteil von 40 %[89] Erneuerbaren Ener-gieträgern (Bruttoendenergieverbrauch) zum Ziel gesetzt. Darüber hinaus wurden in der „KESS2030" konkrete Maßnahmen zur Reduktion von THG für die einzelnen Sek-toren erarbeitet.

Der wichtigste Einsatzbereich für die Bioenergie ist der Raumwärmesektor. Rund 225.000 oder 45 % der steirischen Haushalte werden mit Biomasse (Einzelfeuerun-gen und Nahwärmeanlagen) beheizt. Durch die Nutzung von landwirtschaftlichen Nebenprodukten, wie Landschaftspflegeheu, Stroh, Maisspindeln und Gülle, ergibt sich weiteres Potenzial zur Bioenergieproduktion in der Landwirtschaft.

Aber auch im Strom- und Treibstoffsektor spielt der Einsatz von biogenen Rohstoffen aus der Land- und Forstwirtschaft eine wesentliche Rolle. 34 Holzkraftwerke mit einer Gesamtleistung von 24 MWel liefern 123 Millionen Kilowattstunden Ökostrom pro Jahr. Darüber hinaus erzeugt die Papier- und Zellstoffindustrie aus Lauge rund 554 Millionen Kilowattstunden Ökostrom. Hinzu kommen 39 Anlagen mit einer Gesamtleistung von 15 MWel, was einer Stromproduktion von 109 Millionen Kilo-wattstunden entspricht. Mit dieser Strommenge können 200.000 Haushalte mit Ökostrom versorgt werden. Im Zuge der Dekarbonisierung des Gassektors erschlie-ßen sich für die landwirtschaftlichen Biogasanlagen, mit der Aufbereitung und Einspeisung von Biomethan in das bestehende Gasnetz, neue Einsatzgebiete und Absatzmöglichkeiten.

Mit der Synthesegasproduktion, über die aus verschiedenen Biomassen Treibstoffe, Wasserstoff oder Erdgas hergestellt werden können, kommt ein weiterer Zukunfts-markt dazu. Der Schlüssel für das Energiesystem der Zukunft liegt in einem intelli-genten Zusammenspiel verschiedener Technologien und Rohstoffe.[90]

---

[87] Bioenergie Atlas 2019, ÖBMV, Ökostrombericht 2019, E-Control.

[88] Energiebericht 2019, Land Steiermark.

[89] Klima und Energiestrategie Steiermark 2030.

[90] Ökostrombericht 2019, E-Control.

Internationales Erfolgsmodell Biomassenahwärme aus der Steiermark

Mit der Realisierung des ersten Biomasseheizwerkes haben steirische Landwirte vor über 40 Jahren ein regionales Erfolgskonzept mit Nachahmern auf der ganzen Welt, ins Leben gerufen. Knapp 600, vorwiegend bäuerliche Biomasseheizwerke und Nahwärmeanlagen, sichern, verteilt über die gesamte Steiermark die Wärmeversorgung von über 100.000 steirischen Haushalten. Nirgendwo auf der Welt gibt es eine vergleichbar hohe Anzahl an Heizwerken auf Basis von Biomasse. Sie stellen gegenwärtig und auch zukünftig das unverzichtbare Rückgrat der sicheren, klimaschonenden und leistbaren heimischen Wärmeversorgung dar. Die örtlichen Nahwärmeanlagen werden in der Steiermark zum Großteil von bäuerlichen Betreibergemeinschaften betreut. Sie versorgen weite Teile der Gemeinden mit erneuerbarer Energie und haben sich in den letzten Jahren zu unverzichtbaren Partnern am Wärmemarkt entwickelt.

8.4 Schlussfolgerungen und Ausblick

In Krisenzeiten wird die intakte, kleinstrukturierte Landwirtschaft der Steiermark besonders wertgeschätzt. Die Corona-Pandemie zeigt deutlich, wie verwundbar internationale Lieferketten sind und wie wichtig die heimische Versorgung mit Lebensmitteln ist. Ohne großes Aufsehen, selbstverständlich und professionell leisten die Bauern ihren unverzichtbaren Beitrag zur Versorgung der Bevölkerung mit hochqualitativen Lebensmitteln. In diesem Zusammenhang beweist die Steiermark, dass eine produzierende Land- und Forstwirtschaft klimafreundlich ist und zur Kreislaufwirtschaft beiträgt.

Eine Beschränkung des heimischen Produktionsniveaus würde zu einer Verlagerung der Produktion in andere Regionen der Welt und somit zwangsläufig zu Landnutzungsänderungen und höheren Treibhausgasemissionen durch den erhöhten Transportaufwand führen. Dies muss verhindert werden. Globale Pauschalbotschaften bringen uns bei den konkreten Problemstellungen durch die Klimaverschlechterung nicht weiter. Gefragt ist die fachliche Unterstützung der Betriebsleiter durch praxisorientierte Agrar- und Forstwissenschaftler, die sich mit den gegebenen Naturräumen, Betriebsstrukturen und Produktionsbedingungen auskennen und zu einer innovativen Weiterentwicklung der heimischen Land- und Forstwirtschaft in allen Betriebsformen und Regionen beitragen.

Es bedarf auch eines politischen Willens, kleinräumigere Nahrungsmittelkreisläufe und Wertschöpfungsketten zu schaffen. Dies sollte in einer Verankerung der Krisenvorsorge in der Bundesverfassung wie auch über eine verbindliche lückenlose Herkunftskennzeichnung erfolgen, um nicht durch internationale Billigstimporte niedrigster Standards ausgetauscht zu werden.

Die von einigen NGOs geforderte großflächige Stilllegung von Waldflächen ist in der Klimakrise kontraproduktiv. Vielmehr bedarf es einer Intensivierung der nachhaltigen und multifunktionalen Waldbewirtschaftung, um die Resilienz der Waldbestände zu erhöhen und klimafitte Wälder zu erhalten. Diese liefern den Rohstoff Holz für eine intelligente stoffliche und energetische Nutzung. Damit erbringt der Sektor einen der wichtigsten Beiträge zum Klimaschutz in Österreich im Sinne einer zukunftsorientierten Bioökonomie.

Schlüsselelement für eine klimafreundliche Landwirtschaft ist die richtige Gestaltung der 1. und 2. Säule der gemeinsamen Europäischen Agrarpolitik. Die Neuausrichtung der GAP 2020+ muss den Anforderungen des Klimawandels Rechnung tragen. Klimaschutzmaßnahmen in der Land- und Forstwirtschaft sollten – wie bisher – möglichst mittels eines Anreizsystems umgesetzt werden. Eine Fortführung der Maßnahmen des österreichischen Umweltprogramms mit entsprechender Dotierung ist daher geboten. Basierend auf diesem Umweltprogramm konnte die heimische Landwirtschaft ihre Klimaeffizienz in den letzten Jahren deutlich steigern. Im Vergleich zu Drittstaaten und umgerechnet auf die Produktionseinheit werden in Österreich deutlich geringere THG-Emissionen verursacht.

Landwirtschaft erfüllt vielfältige gesellschaftliche Aufgaben. Die Prioritäten dieser Ziele und Aufgaben ändern sich mit der Zeit und stehen teilweise auch im Konflikt zueinander. Klimaschutz in der Landwirtschaft muss diese unterschiedlichen Interessen und Erwartungen stets mitberücksichtigen. Zielkonflikte, wie etwa zwischen weiteren Verbesserungen des Tierwohls und dem Klimaschutz, dürfen nicht allein den Landwirten auferlegt werden, sondern müssen auf politischer Ebene und mit gesellschaftlicher Akzeptanz für die Folgen entschieden werden.

Treibhausgaseinsparungen in der Landwirtschaft gilt es möglichst effektiv und kosteneffizient zu erreichen, ohne damit kleinere und mittlere Betriebe zu verdrängen. Dies bedeutet, dass es im Sinne eines wirkungsvollen und effizienten Klimaschutzes ist, in den Betrieben Treibhausgaseinsparungen zu leisten, wo dies von Landwirten mit vertretbarem Aufwand erreicht werden kann. Das Ziel kann nicht generell die Extensivierung oder der Verzicht auf Produktion sein, da hiermit die Verlagerung zu einer möglicherweise treibhausgasintensiveren Produktion in Drittstaaten in Kauf genommen wird.

Die Land- und Forstwirte in der Steiermark haben die Herausforderungen der Zukunft erkannt und werden wie bisher auch weiterhin ihren Beitrag zu einer klimafreundlichen Versorgung der Bevölkerung mit regionalen Lebensmitteln und nachwachsenden Rohstoffen leisten. Eine produzierende Land- und Forstwirtschaft ist für die Aufrechterhaltung der Ernährungssicherung der Bevölkerung und für die Bereitstellung von nachwachsenden Rohstoffen für die Steiermark unverzichtbar.

Quellenverzeichnis

Bundesministerium für Nachhaltigkeit und Tourismus, Grüner Bericht 2019, Die Situation der österreichischen Land- und Forstwirtschaft.

Karner S., Kopetz H., Fritz P. und Wilhelm R., (2004): Die grüne Mark: steirische Land- und Forstwirtschaft im 20. Jahrhundert: 75 Jahre Steirische Landwirtschaftskammer 1929-2004, Weishaupt.

Kopetz H., Metschina Ch. et al: (2007): European Biomass Statistics 2007 – A statistical report on the contribution of biomass to the energy system in the EU 27, European Biomass Association (AEBIOM), Eigenverlag.

Holzenergieverband Baden Württemberg e.v., Forstwirtschaft und Holznutzung sind Grundpfeiler für wirksamen Klimaschutz und Bioökonomie – Ein Faktencheck – Positionspapier, 2020.

Jauschnegg H. et al: Steirische Holzbilanz, (2011) Steirische Sozialpartner (Hrsg.).

Deutscher Bauernverband, Klimastrategie des Deutschen Bauernverbandes 2.0.

Österreichischer Biomasse-Verband, Bioenergie Atlas 2019, 2. Auflage.

Amt der Steiermärkischen Landesregierung, Fachabteilung Energie und Wohnbau, Referat Energietechnik und Klimaschutz, Energiebericht 2019, Zahlen, Daten und Fakten zur Energieaufbringung, -verwendung und Erneuerbaren in der Steiermark.

Amt der Steiermärkischen Landesregierung, Fachabteilung Energie und Wohnbau, Referat Energietechnik und Klimaschutz, Klima und Energiestrategie Steiermark 2030.

Umweltbundesamt., Klimaschutzbericht 2020.

Ökostrombericht 2019, E-Control.

Kapitel 9
Energiewende – Ein gesellschaftlicher Kraftakt

Dr. Karl-Heinz Kettl, Abteilung Wirtschaftspolitik der Arbeiterkammer Steiermark

9.1   Einleitung

Der Wechsel von fossilen hin zu erneuerbaren Energieträgern im Rahmen einer Energiewende, stellt eine große Herausforderung dar. Bislang wurde dies vorwiegend mittels technischen Aspekten betrachtet und diskutiert. Dabei wurde vielfach außer Acht gelassen, dass es sich dabei um eine zutiefst soziale Aufgabenstellung handelt, welche die Gesellschaft mit all ihren Akteuren im Gleichklang erledigen muss. Dabei sind die Treiber dieser Entwicklung nicht nur die Klimakrise allein, sondern auch der zunehmend gesellschaftliche und somit wirtschaftliche Druck CO_2-Emissionen bzw. Treibhausgase einzusparen. Somit stellt sich auch zum Teil die Zukunftsfrage, ob die steirische Wirtschaft alle Märkte global uneingeschränkt (mittels geringem CO_2-Footprint) bedienen kann und somit hochwertige Arbeitsplätze in der Steiermark bietet.

Dieser Umbau erfordert klare Maßnahmen und Ziele und vor allem eine gerechte Verteilung der Investitionslasten im Rahmen der individuellen Leistungsfähigkeit aller Akteure.

Aufgrund der begrenzten Beitragslänge werden sowohl die notwendigen Maßnahmen als auch Rahmenbedingungen verkürzt und kompakt dargestellt. Vor allem ebenfalls sehr wichtige Bereiche, wie Vorgaben in der Energieeffizienz und Umstellungen im Verkehrssektor, werden nicht im Detail behandelt. Die Bedeutung dieser Bereiche ist jedoch nicht minder wichtig.

9.2   Transformation des Energie- und Wirtschaftssystems

Unter dem Begriff der „Transformation des Energiesystems" versteht man weitläufig die Umstellung der Energieerzeugung von Strom und Wärme von fossile auf erneuerbare Energieträger. In Wahrheit reden wir von einer Transformation unseres Wirtschaftssystems als Ganzes. Dies schließt nicht nur die Erzeugung von Wirtschaftsgütern und Energieverbrauch für bspw. Raumwärme mit ein, sondern deren Logistik und unseren Konsum als Ganzes.

Als Gesellschaft ist es unsere Aufgabe, die eigene und zukünftige Lebensgrundlage zu erhalten, um den nachfolgenden Generationen ein zukunftsfähiges Wirtschaften zu ermöglichen. Das beinhaltet ein intelligentes Management und effizienten Einsatz der

Ressourcen. Damit auch in Zukunft qualitativ hochwertige Arbeitsplätze vorhanden sind, gilt es die ökologischen Folgen der Vergangenheit und deren Auswirkung auf die Zukunft mitzudenken und gerecht auf alle Akteure zu verteilen.

Im Rahmen von internationalen und europäischen Vereinbarungen (wie dem Pariser Klimaziel von 2015) sind die groben Rahmenbedingungen der nächsten Jahrzehnte festgelegt. Es gilt nun alle Kontinente und Industrie- und Schwellenländer in die Pflicht zu nehmen und an die Verbindlichkeit der Ziele zu erinnern. Die Kernaufgabe in Europa wird sein die notwendigen Investitionen in zukunftsfähige Technologien zu ermöglichen und dabei die Kosten nicht nur den Endverbrauchern in Form von zusätzlichen Steuern oder anderweitigen Abgaben aufzubürden. Jeder Teilnehmer in unserem Wirtschaftssystem (Unternehmen, Haushalte, Landwirtschaft, Verwaltungen etc.) muss einen ihm entsprechend zumutbaren Beitrag leisten.

Staaten alleine werden die notwendigen finanziellen Mittel nicht gänzlich aus den öffentlichen Mitteln bereitstellen können. Dies wäre auch nicht sinnvoll und würde zu einseitig die Steuerzahler belasten. Große Kapitalverwalter – wie bspw. Versicherungen und Fonds – sind gefragt, Kapital auf eine ökologisch sinnvolle Weise zu verwenden. Es bedarf zudem einer Rückbesinnung hin zu Investitionen in die Realwirtschaft und Infrastruktur als Arbeitsplatz- und Kapitalbringer für die Zukunft.

Kurzfristige Kapitalinteressen stehen einer langfristigen globalen Herausforderung diametral entgegen und müssen aufeinander abgestimmt werden.

Auch wenn Europa hier international als Vorreiter agiert, ist dies als Stärkung des Wirtschaftsstandorts zu sehen und gezielt in die Wege zu leiten. Die Ereignisse rund um COVID-19 verdeutlichen dies und zeigen, wie wichtig soziale Infrastruktur ist und gerade in Krisenzeiten eine zentrale Pufferwirkung hat.

9.3   Die steirische Energiezukunft

Die Steiermark hat sich im Rahmen der „Klima- und Energiestrategie 2030" Ziele gesetzt, um den Anteil an erneuerbaren Energieträgern schrittweise zu steigern. Durch Aktionspläne werden regelmäßig Maßnahmen festgelegt und laufend evaluiert. Der Anteil an erneuerbaren Energieträgern (non-ETS[91]) soll von aktuell 29,6 % auf 40 % bis 2030 gesteigert werden.[92]

Zentrale Aufgabe der Behörden muss es sein die Bevölkerung mitzunehmen und verfügbare Flächen auf möglichst breiten Konsens zu definieren und auszuweisen. Durch die vielen einzelnen dezentralen Anlagen statt weniger großer Kraftwerkparks gibt es einen enormen Bedarf an Abstimmungen und Informationen in den Regionen. Diesem Umstand muss noch viel mehr Rechnung getragen werden. Umso mehr gilt es zu beachten, dass Projektierungen viel Zeit an Abstimmung benötigen. Die technische Planung und Realisierung ist hierbei zunehmend der Information und Kommunikation mit den Bürgern unterzuordnen.

---

[91] Non-ETS = Sektoren/Akteure welche nicht dem EU-weiten Emissionshandel unterliegen.
[92] Energiebericht 2019, Land Steiermark.

Die ehrgeizigen Ziele des Bundes (100 % Ökostrom national bilanziell) erfordern auch in der Steiermark einen massiven Ausbau sämtlicher verfügbaren Energieträger. Deshalb gilt es Flächen für die Energieerzeugung sinnvoll auszuweisen und nach Prioritäten zu vergeben (z.B. Deponieflächen oder nicht anderweitig nutzbare Flächen primär zu nutzen). Zudem müssen möglichst alle Energieeinsparungspotenziale gehoben werden, um den Flächenausbau zu begrenzen und somit auch die individuelle Förderbelastung für den Stromkunden bzw. Steuerzahler zu senken.

9.4 Eine gerechte und inklusive Energiewende

Energie spielt eine zentrale Rolle, wie wir unser modernes Leben gestalten. Sei es die Mobilität, der gesellschaftliche Konsum oder das simple Wärmen und Kühlen unserer Häuser. Bislang fand es nur wenig Beachtung, dass wir uns permanent Energie aus der Vergangenheit in Form von Rohöl und Erdgas in die Gegenwart holen und somit auch Umweltschäden verursachen. Die Energiewende in Richtung Reduktion der fossilen Energieträger zwingt uns das eigene Wirtschaften neu zu denken, um die zukünftigen Generationen abzusichern. Diese notwendige Transformation ist jedoch kein rein technologischer Wandel, sondern ein gesellschaftlicher.

Technologien sind nur ein Werkzeug zur Zielerreichung, auf welches man sich in möglichst breitem Konsens zu einigen hat.

9.4.1 Die Herausforderungen

Betrachtet man die Energiebilanz muss man zwangsläufig alle Energieformen (Strom, Wärme und Kraftstoffe) einem Strukturwandel unterziehen und dabei auch alle Wirtschaftssektoren einbinden.

Das oberste Prinzip bleibt die Einsparung von Energie, durch Energieeffizienzmaßnahmen. Jede nicht verbrauchte Kilowattstunde Energie muss nicht erzeugt werden. Handelt es sich dabei um fossil eingesparte Energie steigt dadurch der Anteil der Erneuerbaren automatisch mit, ohne notwendigen Zusatzausbau. Primär gilt es aus unserer Sicht diese Potenziale zu heben und Investitionsanreize zu schaffen, damit die Amortisationszeiten von Technologieinvestitionen möglichst sinken. Im Haushaltsbereich ist dies über die Jahre schon sehr gut gelungen durch diverse Maßnahmen (z.B. Ökodesign-Richtlinie, Gebäudeenergieausweis usw.). Im Bereich Produkte und Dienstleistungen aber auch Verkehr, braucht es weitere gezielte Maßnahmen und Verpflichtungen, um alle Einsparungspotenziale auch vollends heben zu können.

Parallel dazu müssen die erneuerbaren Erzeugungsanlagen ausgebaut werden, um sukzessive fossile Anteile im Energiesystem zu ersetzen. In der Vergangenheit wurde zwar kräftig ausgebaut, jedoch konnte dadurch immer nur der Zuwachs an Energieverbrauch abgedeckt werden. Ein effektiver Abbau des „fossilen Grundstocks" im energetischen Endverbrauch (EEV) wurde dadurch nur bedingt und höchstens zu gewissen Jahreszeiten erreicht.[93]

9.4.1.1   Strom

Allein im Strombereich ist eine Steigerung der Produktion um ca. 30 TWh bis 2030 notwendig um das nationale Ziel von 100 % erneuerbaren Strom (bilanziell) zu bewerkstelligen.[94] Ohne entsprechende Flächen für die Energieproduktion ist dies nicht machbar. Dabei wird man auch neue Flächen für die große Windkraft (Windparks) und Freiflächen-Photovoltaikanlagen[95] ausweisen müssen. Die ausschließliche Erschließung von Hausdächern kann den Mehrbedarf allein nicht erbringen. Deshalb gilt es im Rahmen von Förderungen und auch ordnungspolitisch festzulegen, welche Flächen dafür genutzt werden sollen (z.B. nicht anderweitig nutzbare Flächen) und Mehrfachnutzungen (z.B. Kombination PV-Freiflächenanlage und Weidelandnutzung) explizit einzufordern bzw. zu begünstigen.

Der Ausbau von Stromnetzen muss mitgedacht werden, vor allem auf der Ebene der Verteilernetze, welche eine zunehmende Last zu tragen haben in Hinblick auf E-Mobilität und dynamischen Energiehandel (Stichwort: EEGs – Erneuerbare Energiegemeinschaften und BEGs – Bürgerenergiegemeinschaften). Hier zeichnet sich bereits ab, dass Übertragungsnetze zunehmend für die Stabilisierung und den internationalen Energiehandel eine wesentliche Rolle spielen werden. Hingegen die Verteilernetze in den Regionen den Energiehandel zwischen den Verbrauchern (egal ob Haushalte, Unternehmen, usw.) ermöglichen müssen. Desto mehr regional erzeugt und verbraucht wird, desto intensiver müssen die Verteilernetze planen und prognostizieren, um das hohe Maß an Versorgungssicherheit aufrecht zu erhalten. Dazu gilt es, die notwendige Infrastruktur (Netze, Speicher und Lastmanagement) zu errichten und bestehende Netze aus- und umzubauen. Auf den Strom- und Gasmarktregulator E-Control kommt hier eine wichtige Steuerungsaufgabe zu. Dies muss im Sinne aller Beteiligten auf allen Ebenen so transparent wie möglich erfolgen.

Der Ausblick im Energiesektor scheint somit grundsätzlich positiv zu sein und der Bedarf an gut ausgebildeten Fachkräften wird vermutlich steigen. Somit stehen in der Steiermark für kommende Generationen vermutlich noch mehr hochwertige Arbeitsplätze in der Energiewirtschaft zur Verfügung.

9.4.1.2   Wärme und Kälte

Was vielerorts vergessen wird, ist die Tatsache, dass Strom nur ca. 20 % der nationalen Energiebilanz ausmacht und dieser bereits zu mehr als 70 % erneuerbar erzeugt wird.[96]

---

[93] Energie in Österreich 2018 (Bundesministerium für Nachhaltigkeit und Tourismus).

[94] #mission2030 – Österreichische Klima- und Energiestrategie, 2018.

[95] Fechner H., 2020, Ermittlung des Flächenpotentials für den Photovoltaik-Ausbau in Österreich.

[96] Energiedaten Österreich 2016, Statistik Austria.

Die Erzeugung von Prozessenergie, Raumwärme und Kraftstoffe machen den größten Teil des Energieverbrauchs aus. Diesen gilt es zu senken, vorrangig durch Energieeffizienzmaßnahmen und zweitrangig durch zusätzliche erneuerbare Erzeugung.

Die energetische Sanierung als Mittel der Wahl ist ein wichtiges Instrument, um die Wärmemengen zum Heizen von Gebäuden zu senken. Dabei wird jedoch meist nur die technische Umrüstung beachtet, dabei müsste man auch die Bewohner mehr auf die geänderten Bedingungen schulen. Gerade im Hinblick auf zunehmend heiße Sommer und Tropennächte, welche somit auch die Kühlleistungen mitsteigen lassen. Auch hier bietet zwar ein saniertes Gebäude guten Schutz, um die Hitze aus dem Gebäude zu halten. Bei falschem Nutzerverhalten jedoch kann die sommerliche Hitze ins Gebäude und die Dämmung kann sogar eine nächtliche Auskühlung verhindern. Dieses oder auch andere Beispiele, wie schadhafte Kondensation in sanierten Objekten (Schimmelbildung), müssen auch im Rahmen einer Sanierung mitgedacht werden. Solch kontraproduktiven Effekte gilt es zu vermeiden, um die Akzeptanz von Sanierungsmaßnahmen hoch zu halten. Dazu könnte eine geförderte Sanierung auch geregelte Handhabungsinformationen an die Bewohner von sanierten Gebäuden beinhalten, damit der positive Effekt (vor allem Energie- und somit Kosteneinsparungen) auch vollends bei den Bewohnern ankommt.

Durch die zunehmend immer heißeren Sommertage und sinkende Anzahl von Heizgradtagen im mehrjährigen Trend, ergeben sich in Zukunft neue Herausforderungen im Bereich der Kühlung. Die Kälteerzeugung erfolgt meistens dezentral (z.B. Standgeräte) und ist überwiegend strombasiert. Auch hier gilt in Kombination mit der Sanierung den Fokus mehr noch auf Hitzevermeidung zu lenken, um eine Kälteerzeugung gar nicht notwendig zu machen bzw. nur im geringen Ausmaß vorsehen zu müssen. Dem Thema Kühlung kann ebenfalls aufgrund der Beitragslänge nur eingeschränkt Beachtung geschenkt werden. Jedoch ist die Voraussetzung für energieeffizientes Kühlen bzw. Vermeidung von technischer Kühlung, wie beim Heizen auch, ein entsprechend hochwertiges (saniertes) Gebäude.

9.4.2   Verteilung der Kosten

Wesentlich ist dabei die gesamtgesellschaftliche Finanzierung dieses Umbaus der Energieversorgung. Nun gilt es alle Akteure (Unternehmen, Landwirtschaft und Haushalte) zu überzeugen diesen Weg zu gehen. Über alle durchaus berechtigten Partikularinteressen gilt es einen Konsens über den Beitrag eines jeden Akteurs herzustellen. Die ist und war immer die Aufgabe der Sozialpartner. Letztendlich kann man alle Akteure zusammen nur als Ganzes sehen, da alle aufeinander angewiesen sind. Sei es jener der die Arbeitskraft/Dienstleistung zur Verfügung stellt oder jener der die Arbeitskraft/Dienstleistung benötigt.

Vor allem darf man nicht vergessen, dass Produkte und Dienstleistungen der Zukunft „grün" erzeugt und bereitgestellt werden müssen. Ein noch wesentlicher Vorteil der europäischen Produktion besteht in der ökologisch nachhaltigeren Erzeugungsweise, im Vergleich zu anderen Nationen und Kontinenten. Diesen Vorsprung gilt es auszubauen und auf dessen Basis hochwertige Arbeitsplätze mit guten Rahmen-bedingungen für die Arbeitnehmer zu schaffen. Dadurch sind Investitionen in unser Energiesystem als Zukunftsinvestitionen zu betrachten und sichern unseren Lebens-standard nachhaltig ab. Unabhängig davon, ob und wie Treibhausgasemissionen in Zukunft besteuert werden (Stichwort: CO_2-Steuer), **Investitionen in emissionsarme Produktionsprozesse sichern den Standort, das Geschäftsmodell und somit auch Arbeitsplätze und Existenzen.**

Dieser Prozess erfordert eine gesellschaftliche Akzeptanz, welche über Jahrzehnte erhalten werden muss. All jenen, vorrangig einkommensschwachen Haushalten muss man ermöglichen, auch Teil und Profiteur dieser Transformation sein zu können. Dies gilt vor allem für den städtischen Wohnungsbereich, deren Bewohner nur sehr eingeschränkt Möglichkeiten haben, aufgrund von Eigentumsverhältnissen, Einkom-men und Flächenoptionen, Teil der Energiewende zu sein.

9.5   Die Ökostromfinanzierung

Der Eintritt der erneuerbaren Energien in den fossilen Energiemarkt wurde mit Anfang der 2000er Jahre durch die Schaffung des Ökostromgesetzes massiv be-schleunigt. Das Konzept der Kontrahierungspflicht (Zwangsabnahme des Stroms durch die Marktteilnehmer) hat dafür gesorgt, dass sich die Erneuerbaren am Markt behaupten und mittlerweile in den Gestehungskosten für Strom, vor den fossilen Kraftwerken eingereiht haben (Merit-Order). Dies hat den Stromkunden jedoch auch viel Kosten verursacht, da dieser die Erneuerbaren gestützt hat. Mit der Garantie von fixen Einspeisetarifen musste der Stromkunde immer die Differenz an garantieren Abnahmetarifen und erlösten Stromumsatz am Markt mitabdecken (Unterstützungs-volumen). Dies führte im Laufe der Jahre zu einem zunehmend steigenden Bedarf an Ökostrommitteln, vor allem in den Jahren des sinkenden Marktpreises für Energie. Dabei belief sich das Unterstützungsvolumen für die Produktion von geförderten Ökostrom im Bereich von € 702 bis 860 Mio (2018 und 2017) pro Jahr.[97] Die Schwankungsbreiten sind enorm, da das Unterstützungsvolumen an den Marktpreis, gehandelt an der Strombörse, gekoppelt ist.

Dies fällt vor allem für die Haushaltskunden und Gewerbekunden auf der Netzebene 7 ins Gewicht, da diese bei einem Verbrauch von nur ca. 25 % des Gesamtstroms, 41 % der Kosten zu tragen haben.

---

[97] Ökostrombericht 2019, E-Control.

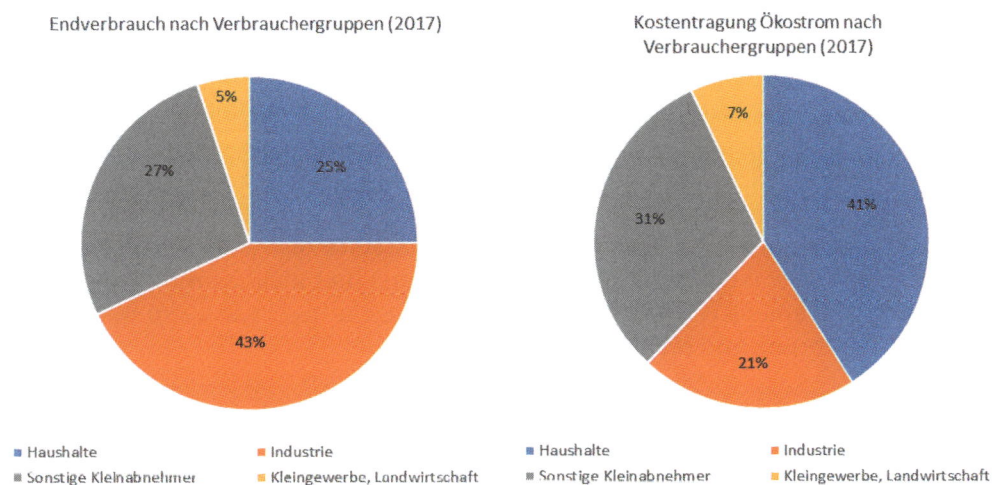

Abbildung 23: Stromendverbrauch und Ökostromkostenverteilung[98]

Aufgrund einer degressiven Gestaltung der Ökostromförderung ist die individuelle Ökostrombelastung pro Kilowattstunde (kWh) Strom bei geringen Verbrauch höher als bei hohem Verbrauch. Ein höherer Verbrauch auf oberen Netzebenen (z.B. Netzebene 3) ist somit auf die kWh Strom gerechnet günstiger als eine kWh auf Netzebene 7 (Haushalte und Gewerbe). Ein Hintergrund dafür ist, dass Strom einen wesentlichen Produktionsfaktor und somit Kostenfaktor in der produzierenden Industrie darstellt. Dem entgegen steht jedoch, dass bei sehr niedrigen Preisen der Anreiz zu Energieeffizienzmaßnahmen und Energieeinsparungen ein geringerer ist.

Unabhängig von der Kostenverteilung kann nur Ziel sein, den Ausbau zu beschleunigen und dabei auf möglichste Kosteneffizienz zu achten. Jedoch nicht die technischen Gegebenheiten und Marktbedingungen außer Acht zu lassen. Daher gilt es, Überproduktionen zu vermeiden (da dadurch Netzsystemkosten vermieden werden) und die Förderung so zu gestalten, dass nicht wenige Anlagen profitieren, sondern möglichst viel erneuerbarer Strom erzeugt wird und das vor allem dann, wenn er auch gebraucht wird (Effizienz des Fördereuros und Vermeidung von Netzstützungskosten).

Neben den Förderkonditionen an sich ist damit auch eine breite Basis der Finanzierung verbunden. Deshalb sollten nicht nur die Stromkunden die Energiewende im Stromsektor bezahlen (durch Ökostromförderbeiträge), sondern ergänzend dazu, Steuertöpfe und Förderung (aller Ebenen) erschlossen und entsprechend gewidmet werden. Wie bspw. EU-Fördermittel, welche im Rahmen von ELER[99] den Regionen vergeben werden.

---

[98] Power Burden, 2019, AK Wien, https://arbeiterkammer.at/interessenvertretung/wirtschaft/energiepolitik/Wer_traegt_die_Kosten_der_Energiewende.html (letzter Abruf am: 11.01.2021).

[99] ELER – Europäischer Landwirtschaftsfonds für die Entwicklung des ländlichen Raums.

9.6   Nah- bzw. Fernwärme in der Steiermark

Der Ausbau der Nah- bzw. Fernwärme in der Steiermark wurde über die Jahre forciert, um möglichst viele (meist alte) Einzelfeuerungsanlagen zu ersetzen. Mit über 500 Heizwerken, welche fast ausschließlich mit Biomasse (meist Holz) betrieben werden (Ausnahme: Graz und einzelne Bezirkshauptstädte), liefern diese Heizwerke einen substantiellen Beitrag zum erneuerbaren Anteil in der Wärmeversorgung der Steiermark.[100] Dabei ist jedoch die Rede von Wärme- und nicht Stromerzeugung aus Biomasse (Ausnahme: KWK[101]), welche anderen Regeln folgt, vor allem in Bezug auf öffentliche Förderung und rechtliche Einstufung.

Die zentrale Bereitung von Raumwärme und/oder Warmwasser mittels Nah-/Fernwärme bietet den Vorteil einer besseren Luftreinhaltung als die Summe der Einzelfeuerungsanlagen. Dabei spielen jedoch Kriterien wie Anschlussdichte und Abnahmemengen pro Laufmeter Wärmeleitung eine wesentliche Rolle hinsichtlich der Effizienz. Die Wirtschaftlichkeit und somit auch Zukunftsfähigkeit hängt stark davon ab, dass Heizwerke effizient betrieben werden, sprich auch viele Abnehmer haben. Hinsichtlich der Klima- und Energieziele macht eine Verdichtung bestehender Netze (mehr Anschlüsse) Sinn und ein Ausbau an Netzen, wo entsprechend Potenzial vorhanden ist. Dabei könnten in Zukunft auch Anergienetze im Siedlungsneubau und -bestand und Kältenetze im gewerblichen Bereich helfen, Energieeinsparungen zu erzielen.

Durch die Vorgaben der Raumordnung aber vor allem auch Kostendruck in den Gemeinden, ist die Devise, kommunale Strukturen ohnehin kompakter zu gestalten und die ausgeprägte Zersiedelung langfristig einzudämmen. Dies ist nicht nur positiv für die Energieinfrastruktur (falls überhaupt vorhanden), sondern auch die Nahversorgungs- und Verkehrsinfrastruktur.

Dazu kommen noch strategische Zielsetzungen wie bspw. im aktuellen Bundesregierungsprogramm[102], in welchem der Phase-Out von Öl (2035) bevorsteht und mittelfristig von fossilem Erdgas (2040) anvisiert wird. Daher gilt es unbedingt den Konsumenten Alternativen zu bieten, welche einerseits leistbar sind aber auch unsere Umwelt (Emissionen) und das Klima (CO_2) nicht belasten.

---

[100] Steirische Heizwerke-Datenbank (https://www.technik.steiermark.at/cms/ziel/116577743/DE/) (letzter Abruf am: 03.08.2020).

[101] KWK = Kraft-Wärme-Kopplung.

[102] Aus Verantwortung für Österreich – Regierungsprogramm 2020–2024, 2020.

9.6.1   Konsumentenrechte im Nah-/Fernwärmebereich

Raumwärme und Warmwasser dienen der Daseinsvorsorge und sind dementsprechend sensible Güter. Dies gilt es vor allem dann zu bedenken, wenn es um Marktmechanismen im Bereich der Wärmepreisgestaltung geht.

Während Strom- und Gaskunden über ausgeprägte gesetzliche Regelungen (ElWOG 2012 bzw. GWG 2011[103]) verfügen, vor allem mit detaillierten Konsumentenrechten, gilt der Bereich der Nah-/Fernwärme als nahezu unreguliert und verfügt über keinerlei direkt anwendbare dezidierte Gesetze (mit Ausnahme des HeizKG[104] im mehrgeschossigen Wohnbau und die indirekt anwendbaren Gesetzesmaterien, wic z.B. KSchG[105]). Dies hat zur Folge, dass es zu signifikanten Preisunterschieden österreichweit kommt (nur teilweise begründbar durch systemtechnische Unterschiede), die AGBs und Energielieferverträge der Betreiber sehr unterschiedlich sind und es keine Schlichtungsstelle für betroffene Kunden gibt. Im Rahmen einer Studie der AK Wien wurde dieser Umstand auch näher beleuchtet und thematisiert.[106]

Die nicht vorhandene Regulierung spielt deshalb eine große Rolle, da mit immer mehr teils ordnungspolitischen Maßnahmen zwar die Technologien zur Raumwärmeerzeugung reguliert werden (z.B. Fernwärmeanschlussverpflichtung, Ölheizungsverbot), jedoch die Alternativen hingegen unreguliert bleiben. Mit dem Anschluss an ein Wärmenetz leistet der Konsument einen langfristigen Umweltbeitrag, begibt sich aber auch in ein Quasi-Monopol. Ein Wechsel des Energielieferanten ist unmöglich und ein Wechsel des Heizungssystems mit erheblichen Kosten verbunden. Hier bedarf es einer gesetzlichen Regelung mit ausgeprägten Konsumentenrechten vergleichbar mit Strom- und Gaskunden. Im Rahmen der Vorweg-Delegierung des Wirtschaftsministers könnte der steirische Landeshauptmann auch Preisbescheide für Heizwerke (bspw. größer als 5 MW Gesamtleistung) verordnen. Dies entspricht laut steirischer Heizwerkedatenbank aktuell 43 Anlagen.[107]

Das Vertrauen der Konsumenten und Rechtssicherheit sind die wesentlichsten Elemente, um auch im Wärmebereich die Energiewende zu erreichen und das gute Image der Nah-/Fernwärme zu erhalten.

---

[103] Elektrizitätswirtschafts- und organisationsgesetz 2012; Gaswirtschaftsgesetz 2011.

[104] Heizkostenabrechnungsgesetz 1992.

[105] Konsumentenschutzgesetz.

[106] AK Wien Fernwärme Studie 2017, https://arbeiterkammer.at/interessenvertretung/wirtschaft/energiepolitik/Blackbox_Nah-_und_Fernwaerme.html (letzter Abruf am: 11.01.2021).

[107] Steirische Heizwerkedatenbank https://www.technik.steiermark.at/cms/ziel/116577800/DE/ (letzter Abruf am: 21.07.2020).

9.7 Maßnahmen für eine gerechte Energiewende (Strom und Wärme)

Aus Sicht der Arbeiterkammer Steiermark leiten sich folgende Maßnahmen für die beschriebenen Teilbereiche der Energiewende ab. Diese sind notwendig, um eine gerechte und gesellschaftlich tragfähige Energiewende durchzuführen:

- Finanzierung des Ökostromausbaus
  - ▼ Nicht ausschließliche Finanzierung des erneuerbaren Energie Ausbaus über die Stromkunden; Nutzung aller nationalen und auch europäischen Fördertöpfe (z.B. ELER – Europäischer Landwirtschaftsfonds für die Entwicklung des ländlichen Raums)
  - ▼ Gerechte Verteilung der Förderkosten auf die Netzebenen (Erzeuger sowie Verbraucher)
  - ▼ Solidarische Netzfinanzierung für alle Konsumenten (egal ob Consumer oder Prosumer)
- Konsumentenrechte für Nah- bzw. Fernwärmekunden
  - ▼ Stärkung der Konsumentenrechte aufgrund des Versorgungsmonopols (AGBs, Schlichtungsstelle)
  - ▼ Preisregulierung für Nah- und Fernwärme größer 5 MW

9.8 Schlussstatement

Der Umbau des Energiesystems wird schrittweise und über Generationen erfolgen. Deshalb ist es umso wichtiger, eine langfristige Akzeptanz aller Gesellschaftsschichten zu erlangen und auch aufrecht zu halten. Gerechtigkeit im Umbau der gesamten Wirtschaftsweise ist ein zentrales Element für alle Beteiligten. Dabei spielt es auf lange Sicht keine Rolle, ob man Arbeitnehmer oder Arbeitgeber ist, denn letztendlich bedingt das eine das andere.

Kapitel 10
Schlussfolgerung

10.1   Ausgangssituation

Der Kampf gegen den Klimawandel ist unbestritten eine der großen Herausforderungen unserer Zeit und ist damit in jüngster Vergangenheit zum dominierenden Thema in Politik, in den Medien und der Öffentlichkeit geworden. Die steirischen Sozialpartner bekennen sich dabei klar zu ihrer Verantwortung und möchten mit der vorliegenden Publikation einerseits wesentliche Aspekte im Zusammenhang mit diesem Thema aufzeigen und andererseits konkrete Hinweise und Ableitungen für grundlegende regionalpolitische Überlegungen liefern.

Grundsätzlich zeigen nahezu alle überregionalen Analysen, dass Österreich und im Speziellen die Steiermark im Hinblick auf die Bereiche Klima, Energie und Nachhaltigkeit im internationalen Vergleich eine sehr gute Position einnehmen. Diese Einschätzung teilen auch die steirischen Sozialpartner, haben sich doch nur wenige Länder in den vergangenen Jahren und Jahrzehnten derart intensiv und umfangreich mit diesen Themen beschäftigt und aktive Beiträge zur CO_2-Reduktion geleistet.

10.2   Herausforderungen, denen sich die Steiermark stellen muss

Trotz der sehr positiven Ausgangssituation steht auch die Steiermark vor gewaltigen Aufgaben. Gerade aufgrund der bereits erbrachten Leistungen und gemeinsamen Anstrengungen braucht es aber mehr denn je sinnvolle, wohldurchdachte und leistbare Maßnahmen für den Klimaschutz und die Energieversorgungssicherheit für alle heimischen Akteure.

Bei allen möglichen Entwicklungen darf allerdings nie aus den Augen gelassen werden, dass die Lösung der Energie- und Klimafrage – neben ökologischen und ökonomischen Kriterien – vor allem auch soziale Aspekte, sprich den Erhalt von Lebensqualität und Arbeitsplätzen berücksichtigen muss. Eindimensionale Lösungsansätze können nicht zielführend sein. Die hochgesteckten Energie- und Klimaziele können nur dann erreicht werden, wenn einerseits die Ausschöpfung aller vorhandenen Potenziale gelingt und es andererseits zu einer Reduktion des Energieverbrauchs kommt. Jedenfalls aber braucht es die langfristige und breite Akzeptanz der gesamten Bevölkerung, um die angestrebten Ziele zu erreichen und Projekte (z.B. Windparks), Konzepte (z.B. neue Möglichkeiten im Bereich der Mobilität) oder Maßnahmen (z.B. Vorgaben im Bereich Heizsysteme) erfolgreich umzusetzen.

10.3 Möglichkeiten und Chancen der Steiermark in den Bereichen Klima, Energie und Nachhaltigkeit

Angesichts der globalen Dimension des Themas und des bereits sehr hohen regionalen Anforderungsniveaus stellt sich die Frage, wie die Steiermark die heimischen Klimaziele erreichen, die globalen Klimaziele unterstützen und zugleich den sehr hart erarbeiteten Wohlstand und sozialen Frieden aufrechterhalten kann.

Etliche Beispiele der steirischen Sozialpartner in der vorliegenden Publikation belegen dabei, dass die Steiermark in vielen Bereichen Antworten auf diese Frage liefern kann:

- **steirische Innovationen und Technologien sowie klimaschonende Produktion:**
  Die Steiermark zählt in vielen Bereichen der Energie- und Umwelttechnologie zu den Weltbesten. Unter dem Motto *„Die Steiermark ist zwar zu klein, um das globale Problem allein zu lösen – sie ist jedoch erster Anbieter für entsprechende Technologien"* können steirische Energie- und Umwelttechnologien einen weltweit wirksamen Beitrag leisten und der heimischen Volkswirtschaft gleichermaßen nützlich sein. Zudem werden CO_2-intensive Produkte hierzulande im Vergleich mit anderen Regionen besonders klimaschonend hergestellt.

- **nachhaltiger und ressourcenschonender Umgang mit der heimischen Natur:**
  Eine produzierende Land- und Forstwirtschaft ist für die Aufrechterhaltung der Ernährungssicherung der Bevölkerung und für die Bereitstellung von nachwachsenden Rohstoffen für die Steiermark unverzichtbar. Wesentlich dabei ist es, kleinräumige und regionale Nahrungsmittelkreisläufe und Wertschöpfungsketten zu schaffen.

- **Abfall und Kreislaufwirtschaft:**
  Im Bereich der Abfall- und Kreislaufwirtschaft nimmt die Steiermark aufgrund der überdurchschnittlich positiven Entwicklung der letzten Jahre eine Vorzeigerolle ein und ist somit sehr gut vorbereitet, die Herausforderungen der Kreislaufwirtschaft und der neuen Europäischen Recyclingziele zu erfüllen. Doch auch hier sind sehr viele Ziele und Herausforderungen nur auf internationaler Ebene unter Zusammenarbeit verschiedenster Akteure umsetzbar.

- **Energiewende – Ein gesellschaftlicher Kraftakt:**
  Der Umbau des Energiesystems wird schrittweise und über Generationen erfolgen. Deshalb ist es umso wichtiger, eine langfristige Akzeptanz aller Gesellschaftsschichten zu erlangen und auch aufrecht zu halten. Gerechtigkeit im Umbau der gesamten Wirtschaftsweise ist ein zentrales Element für alle Beteiligten. Dabei spielt es auf lange Sicht keine Rolle, ob man Arbeitnehmer oder Arbeitgeber ist, denn letztendlich bedingt das eine das andere.

10.4 Wesentliche Faktoren für eine auch in der Zukunft erfolgreiche Steiermark

Für eine auch in Zukunft erfolgreiche Steiermark gilt es vor allem auch auf regionaler Ebene, einen gesunden Ausgleich von ökologischen, ökonomischen und sozialen Interessen im Sinne eines nachhaltigen und ressourcenschonenden Umgangs mit unserer Natur zu erzielen. Werden solche Vorgaben entwickelt, sollten aus Sicht der steirischen Sozialpartner vor allem auch die abzuleitenden Konsequenzen für die politische, die technische und die finanzielle Ebene Berücksichtigung finden, da der großflächige Umbau des etablierten Systems vor allem in diesen Bereichen viele neue Herausforderungen bringt.

- **politisch:**
  wenn es alle lokalen Kapazitäten im Bereich erneuerbarer Energie und Effizienzmaßnahmen zu heben gilt, bedarf es eines völlig neuen politischen Managements von Willensbildung, Projektbegleitung und Verfahrensbeschleunigung bei Infrastrukturprojekten (als Beispiele sei an dieser Stelle auf das Murkraftwerk in Graz bzw. Diskussionen um diverse Windparks hingewiesen).

- **technisch:**
  zwischen theoretischen Potenzialanalysen und praktischer Umsetzbarkeit bestehen bei den verschiedenen Technologien teilweise beträchtliche Differenzen (als Beispiele seien die theoretischen Möglichkeiten im Bereich Photovoltaik – Stichwort 1 Million Dächerprogramm – oder im Bereich der Windkraft bzw. deren Umsetzbarkeit erwähnt).

- **finanziell:**
  die konkreten Ansätze in einzelnen Strategien (KESS 2030, NEKP – Österreichs integrierter nationaler Energie- und Klimaplan, Green Deal der EU) in ihrer vorliegenden Form betrachtend, muss von einem enormen Bedarf an Projekten und damit Investitionen ausgegangen werden. Private Investitionen in diesem Bereich können lediglich durch Anreize wahrscheinlich gemacht werden – jedenfalls benötigen sie entsprechende, planbare Rahmenbedingungen.

10.5 Steirische Sozialpartner als Schnittstelle zwischen Politik und Bevölkerung

In Summe ermöglicht erst das Zusammenspiel vieler Faktoren geeignete Rahmenbedingungen für eine auch in Zukunft erfolgreiche Steiermark.

Die steirischen Sozialpartner beobachten im Rahmen der Interessenvertretung kontinuierlich die Themen und Entwicklungen, die ihre Mitglieder betreffen und kennen daher die wesentlichsten Aspekte der einzelnen (regional-)politischen und sonstigen Vorhaben, die sich aus den Bedürfnissen der jeweiligen Gruppierung ergeben. Im Rahmen der Umsetzung der Vorgaben unterstützen sie ihre Mitglieder vor allem als

Service- und Netzwerk-Organisationen und vermitteln (bzw. erklären) die einzelnen Maßnahmen und Strategien der Politik und Verwaltung.

Durch diesen laufenden aktiven Austausch zwischen jenen, welche die Vorgaben entwickeln (Politik und Verwaltung) und denen, die diese Vorgaben umsetzen müssen bzw. davon betroffen sind (Unternehmen, Landwirte, Konsumenten etc.) können die Sozialpartner mit ihrer „Schnittstellen-Funktion" die möglichen Auswirkungen am besten kommunizieren.

Aus diesem Grund ist es von besonderer Wichtigkeit, dass die Politik ihre Maßnahmen und Strategien auch in den Bereichen Klima, Energie, Umwelt und Nachhaltigkeit mit den steirischen Sozialpartnern abstimmt.

Anhang
Verzeichnis der Autoren

Mag. Martin Heidinger, Referent für Klima, Umwelt- und Energiepolitik am Institut für Wirtschafts- und Standortentwicklung, WKO Steiermark

Dipl.-Ing. Wolfgang Jilek, Energiebeauftragter des Landes Steiermark von 1986 bis 2015

Dr. Karl-Heinz Kettl, Abteilung Wirtschaftspolitik der Arbeiterkammer Steiermark

Dr. Christian Metschina, Referat Energie, Klima und Bioressourcen der Landwirtschaftskammer Steiermark

Ao.Univ.-Prof.i.R. Dipl.-Ing. Dr.techn. Michael Narodoslawsky, Professor i.R. für Verfahrenstechnik an der TU Graz mit dem Schwerpunkt der ökologischen Prozessbewertungen (z.B. Life Cycle Assessments)

Univ.-Prof. Roland Pomberger, Lehrstuhlleiter Abfallverwertungstechnik und Abfallwirtschaft an der Montanuniversität Leoben

Ing. Bernhard Puttinger, MBA, Geschäftsführer Green Tech Cluster Styria GmbH

Dipl.-Ing. Karlheinz Rink, Referent für Umwelt und Energie, IV-Steiermark

Univ.-Prof. Karl W. Steininger, Professor für Klimaökonomik und Nachhaltige Transition, Wegener Center für Klima und Globalen Wandel, Universität Graz

Dr. Ewald Verhounig, Leiter des Instituts für Wirtschafts- und Standortentwicklung, WKO Steiermark